라이노 7.0
시크릿노트

본 서적에 대한 온라인 동영상 강의는 **페이서(pacer.kr)**에서 유료로 제공됩니다.

라이노 7.0
시크릿노트

RHINO 7.0 FOR ARCHITECTS, SECRET NOTE

한기준 저

온라인
건축교육 사이트
페이서(pacer.kr)
공식인증
교재

도서출판 대가

PREFACE

건축 디자이너라면 자신의 디자인을 3D로 구체화하는 능력이 필요하다. 머릿속으로만 있는 디자인이라면 다른 사람들에게 보여주지 못할 뿐 아니라 이를 실체화하는 데에도 어려움이 따른다. 특히 라이노는 그래스호퍼와 같은 스크립팅 툴 기능을 활용하기 때문에, 단순히 3D모델링하는 범주를 넘어 복잡한 형태 디자인을 구현해 보는 용도로도 사용할 수 있다.

2008년경 국내에서 본격적으로 건축 라이노가 활용되기 시작한 이래로, 라이노는 많은 발전을 거듭해왔다. 당시 4버전이었던 라이노는 5버전과 6버전을 거쳐 7버전까지 업데이트되었다. 5버전에서는 검볼(Gumball)이 도입되었고, 6버전에선 실시간 렌더러인 Cycles와 파라메트릭 에디터인 그래스호퍼(Grasshopper)가 기본 설치되었다. 그 이후 7버전에서는 섭디 모델링(SubD Modeling)까지 도입되면서 완성형 모델링 소프트웨어로 성장했다. 이제는 저렴한 가격으로 라이노 7 영구 라이선스를 구매해서 다양한 기능을 활용할 수 있다는 뜻이다.

필자는 2014년 12월에 〈건축콘텐츠연구소, 디지트〉를 황일현 CTO와 창업하고 다양한 라이노, 그래스호퍼 프로젝트를 수행하고 있다. 현재 디지트는 한승엽 매니저, 이성진 매니저와 이수현 디자이너까지 합류해 라이노의 다양한 활용 방안에 대해서 연구 중이다. 본 서적은 다양한 프로젝트를 수행하면서 터득하고 익힌 모델링, 렌더링 노하우를 누구나 알기 쉽도록 풀어 설명했다. 라이노를 아예 처음 접하는 유저에게는 매뉴얼로, 라이노를 원래 사용하던 유저에게는 비법노트로 기억되기를 바란다.

본 서적은 라이노 넙스 모델링과 Cycles 렌더링뿐 아니라, 메쉬 모델링과 섭디 모델링까지 다룬다. 원래 필자가 메쉬 모델링을 서적을 통해 교육하지는 않았는데 섭디 모델링이 도입되면서 그 가능성이 펼쳐져 이를 소개하고자 한다. 그리고 섭디 모델링의 강력한 기능을 활용해서 빠르고 쉽게 모델링하는 방식도 소개한다. 이어서 그래스호퍼 기능 중 일부를 다뤄볼 예정이다.

본서는 라이노 7 버전에 맞춰 작성되었다. 라이노 6 버전 이하의 사용자라면 〈라이노 6.0 시크릿노트〉를 구매해서 학습하길 바란다.

페이서(Pacer.kr) 웹사이트를 통해 본 교재의 상세한 학습 내용을 동영상 강의로 만들었으니, 필요한 사람들은 참고하길 바라며, 페이서(pacer.kr) 공식인증교재로 본서의 강의는 페이서 웹사이트에서 확인해볼 수 있다.

이 책 출판에 도움을 준 도서출판대가 김호석 대표님과 세 명의 페이서 운영진(장종구, 이동민, 김재호)에게도 진실된 감사인사를 전한다.

저자 한기준

CONTENTS

R H I N O

01

라이노 기본

라이노 설치하기

라이노 7 작업화면(Raytraced뷰)

라이노는 한 번 설치로 해당 버전을 영구적으로 사용할 수 있다. 만약 새로운 버전이 출시되었을 때에, 새로운 버전을 사용하고 싶다면 약간의 업그레이드 비용만 지불하면 된다.

필자는 항상 바이라이노(https://www.byrhino3d.com/)에서 라이노를 구매한다. 결제를 하면 이메일로 라이선스 코드를 전달해주는 방식이다. 2020년 11월 현재 7버전 상업용 라이선스는 935,000원, 교육용 라이선스는 242,000원, 업그레이드 비용은 495,000원이다. 바이라이노 사이트를 보면 알 수 있듯이 라이노는 정말 합리적인 비용으로 영구적인 소프트웨어 사용 권한을 가질 수 있는 몇 안 되는 소프트웨어 중 하나다.

라이노를 처음 접할 때부터 라이선스를 구매할 필요는 없다. 라이노 개발사인 McNeel사에서는 학생이든 일반인이든 90일간 라이노의 모든 기능을 사용할 수 있는 평가판 라이선스를 제공한다. 함께 다음의 과정을 통해 평가판 라이노를 다운로드해서 설치해 보도록 하자.

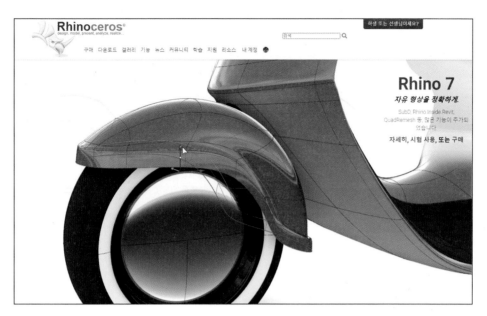

라이노 홈페이지(https://www.rhino3d.com/)

1. 라이노 홈페이지 접속(https://www.rhino3d.com/)

2. 상단 다운로드 탭 클릭

3. 'Windows용 Rhino 7 – 평가판' 또는 'Mac용 Rhino 7 – 평가판' 클릭

4. 이메일 입력 후 다음 버튼 클릭

5. 이메일 확인

Rhino 7 평가판 사용을 환영합니다 ☑   2020-11-24 (화) 15:20

▲ 보낸사람 [VIP] Brian Gillespie<support@mcneel.com>

받는사람 <dbxkrvk2@naver.com>

처음 시작:
Rhino 7 평가판 사용을 환영합니다. 다음은 다운로드 및 설치 안내입니다:

　1. Rhino 7 평가판 다운로드.
　2. Rhino 7 평가판 설치
　3. 프롬프트에 라이선스 코드를 입력하세요:
　　　　　　　　　　　　　　　　　　　　(14 Feb 2021 만료)

귀하의 평가 기간이 16 Nov 2020 시작되었습니다. 이 날짜는 Rhino 7 평가판을(를) 처음 다운로드하신 날입니다. 평가 기간 만료일은 **14 Feb 2021**입니다. 만료일 이후에는 Rhino 7 평가판 제품 기능은 계속해서 정상적으로 사용하실 수 있으나, 작업하신 파일을 저장하실 수 없습니다.
Rhino 7 평가판 사용과 관련하여 문제가 발생하거나, 의견이 있으시면 https://www.rhino3d.com/forum에 알려 주시기 바랍니다.
감사합니다.
- Brian

Brian Gillespie
Rhinoceros 개발
Robert McNeel & Associates

이메일 확인

이메인에 평가판 라이노 파일 다운로드 링크와 함께 90일 뒤에 만료되는 라이선스 코드를 제공해준다. 이메일 링크를 다운로드한 파일을 설치하다 보면 라이선스 코드를 입력하는 곳이 나온다. 이때에 이메일로 받은 라이선스 코드를 복사, 붙여넣기하면 설치가 완료된다.

소프트웨어를 학습하는 사람들은 모두 각자의 학습 이유가 있다. 당신은 무엇을 기대하고 있는가? 아마 라이노 3D 모델링과 렌더링 배우기를 기대하고 있을 것이다. 이 책은 라이노 모델링과 렌더링 학습을 위해 집필되었다. 다만 그래스호퍼도 조금 다뤄볼 예정이다.

❶ 3D 모델링

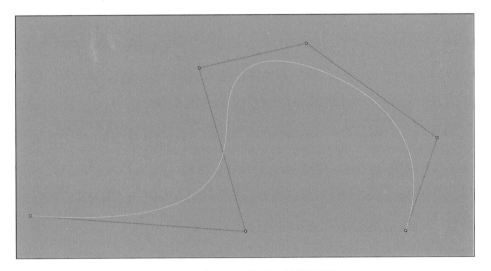

컨트롤 포인트를 조정해 커브 형태를 변경

라이노는 넙스 기반 모델러(NURBS Based Modeler)다. '모델러'란 모델링 기능이 있는 프로그램이라는 뜻이다. 즉, 라이노는 넙스 개념을 탑재한 3D 모델링 프로그램이다. 넙스(NURBS)는 약자다. 풀어서 쓰자면 'Non-Uniform Rational B Spline' 이다. 우리말로 해석하자면 '비균일 유리 B 스플라인' 정도 되겠다. 3차원 기하체를 수학적으로 재현하는 방법 중 하나다. 넙스를 이용하면 단순한 2D 도형에서부터 복잡한 형태의 3D 개체까지 구현할 수 있다. 넙스 기반 모델러인 라이노는 실제 생산까지 이루어지는 건축, 산업디자인, 조선 등의 영역 전반에 걸쳐 널리 사용된다.

❷ 렌더링

라이노 6부터 탑재된 실시간 렌더러, Cycles

실시간 렌더러(Realtime Renderer)인 Cycles가 라이노에 도입된 것은 라이노 6부터였다. 모델러가 모델링 기능이 있는 프로그램이라고 했다. 마찬가지 개념으로 '렌더러'란 렌더링 기능이 있는 프로그램이다. Cycles가 라이노에 포함되어 있으니, 이미 라이노 6부터는 라이노를 모델러 겸 렌더러였다고 볼 수 있다. '실시간' 렌더러는 그래픽카드(GPU)를 활용한 렌더링을 지원한다. 트윈모션과 루미온이 대표적인 실시간 렌더러다. CPU 대신 그래픽카드를 활용해 렌더링을 한다면, 일반 렌더와는 비교도 안 될 속도로 렌더링이 가능하다.

라이노 7에서는 인공지능 플러그인이 있어 훨씬 더 빠르고 놀라운 렌더링을 지원하는데, 추후 렌더링 파트에서 자세히 알아보도록 하자.

③ 파라메트릭 에디터

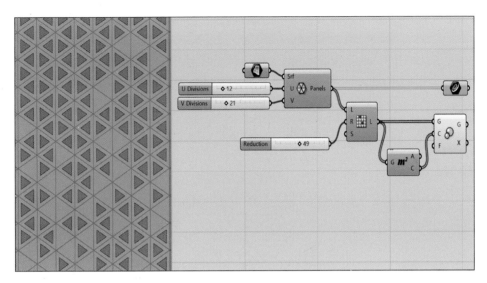

라이노 6부터 탑재된 파라메트릭 에디터, Grasshopper

라이노에서 렌더링은 Cycles가 담당하듯이, 파라메트릭 에디터는 Grasshopper가 담당한다. Grasshopper에는 기능이 정말 많다. 단순 반복작업뿐 아니라 시뮬레이션, 최적화 작업을 할 때에도 Grasshopper가 사용된다. 분량상 본 서적이 이 내용을 모두 담을 수 없다. 가볍게 파라메트릭 외피 모델링을 할 때에 사용해 볼 것이다. Grasshopper 학습을 원하는 분들은 필자의 서적인 '그래스호퍼 시크릿노트'를 참고하기 바란다.

3D 모델링의 경우, 라이노 6까지는 별도의 구분 없이 넙스 모델링만 알려주면 됐었다. 하지만 7버전의 경우엔 넙스뿐 아니라 메쉬(Mesh)와 섭디(SubD)까지 총 세 가지 모델링 방식에 대한 가이드를 제공해야 한다.

❶ 넙스

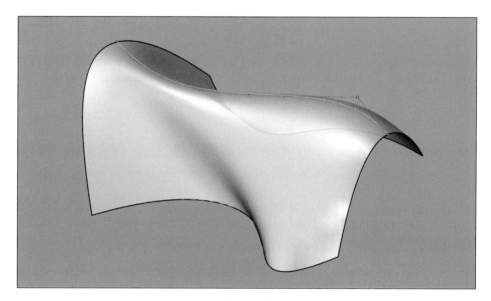

넙스 커브를 이용해 제작한 넙스 서피스

앞서 소개한 대로 라이노는 대표적인 넙스 모델러다. 넙스와 대비되는 개념이 메쉬다. 메쉬의 기본 단위는 버텍스(Vertex)와 폴리곤(Polygon)이다. 메쉬는 버텍스를 이어 붙여가며 다각형 면을 만들어가는 방식이다. 이에 반해 넙스는 컨트롤 포인트(Control Point, CP)와 넙스 커브(Nurbs Curve)가 기본 단위다.

어도비 프로그램인 일러스트레이터에서의 베지어 커브(Bezier Curve), 오토데스크 프로그램인 오토캐드의 스플라인(Spline) 모두 곡선을 표현하는 방식이다. 라이노의 넙스 커브는 그 커브들보다 한 차원 높은 수준으로 구현된 커브다.

라이노에서는 넙스 커브를 이어 붙여가며 넙스 서피스(Nurbs Surface)를 모델링하고, 또 그 넙스 서피스를 이어 붙여가며 최종 결과물을 만든다. 서피스를 이어 붙여가며 모델링하기 때문에 라이노를 '서피스 모델러'라고도 한다.

❷ 메쉬

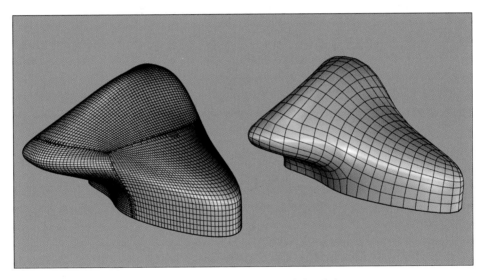

QuadRemesh 명령으로 정리된 메쉬 모델링

라이노가 넙스 모델러라고 알려져 있기 때문에, 메쉬 모델링 기능이 없다고 오해하는 경우가 있다. 라이노는 예전부터 메쉬 모델링 기능을 갖고 있었고, 프로그램 버전이 업데이트되면서 자연스럽게 메쉬 모델링 명령어들이 상당 부분 개선되었다.

라이노 새 창에서 메쉬를 만들어가며 모델링하는 방식은 아직도 쉽지는 않다. 다만, 다른 프로그램에서 모델링 한 메쉬 데이터를 QuadRemesh로 쉽게 최적화할 수 있다. 예전에 비해 확실히 라이노에서 메쉬를 다루고 모델링하기가 쉬워졌다.

❸ 섭디

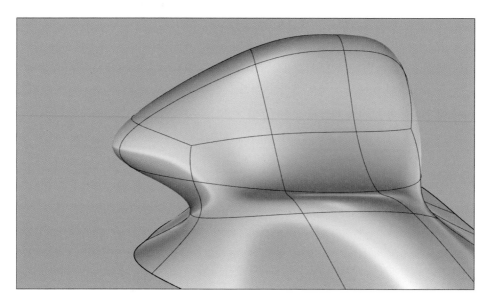

유기적인 형태를 모델링하기 쉬운 섭디

섭디는 라이노 7에 정식으로 들어온 모델링 방식이다. 5버전 때의 플러그인인 티스플라인을 기억하는 사람들도 더러 있을 것이다. 당시에 유기적인 형태를 쉽고 빠르게 모델링하기에 티스플라인이 제격이었다. 오토데스크로 넘어간 티스플라인은, 2017년 1월 7일부로 더 이상 개발되지 않았다. 티스플라인을 사용할 수 없어서 좌절하던 차에, 해당 기능이 라이노 7에서 섭디(SubD)라는 이름으로 들어왔다. 7버전 들어서 가장 강력해진 기능을 꼽으라면, 주저없이 섭디를 꼽겠다.

모델링 방식은 기존의 티스플라인과 동일하며, 3ds Max에서 하던 모델링 방식과도 유사하다. 어쩌면 타 프로그램 유저들을 신규로 유입시키는 창구가 될 수도 있다.

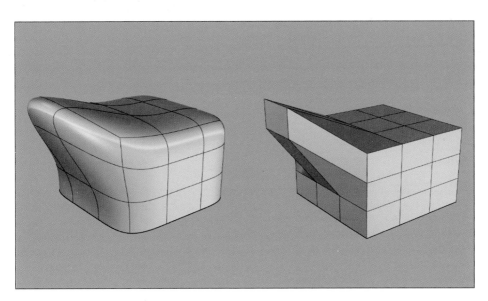

tab키를 이용해 스무스 모드와 플랫 모드를 오갈 수 있다

섭디는 Plane, Box, Torus 등의 형태에서 시작해서 Vertex, Edge, Face를 이동/회전하며 편집하는 방식으로 모델링한다. tab키를 이용해서 스무스(smooth) 모드와 플랫(flat) 모드를 오갈 수 있다. 섭디 모델링 방식은 넙스 모델링을 메쉬 모델링 하듯이 모델링하는 방식이다. 상세한 기능들은 추후 튜토리얼을 통해 알아볼 예정이다.

라이노 세팅하기

라이노 작업을 위한 세팅은 아주 간단하다. 단 두 가지만 기억하면 된다. <mark>절대공차</mark> (Absolute tolerance) 설정과 단축키(Aliases) 설정이다. 두 설정 모두 라이노 옵션창에서 설정한다. 명령행에 Options라 입력하고 스페이스 바를 눌러보자.

라이노 옵션창

옵션창 좌측을 보면 크게 Document Properties와 Rhino Options로 구분된 것을 볼 수 있다. 각각 문서 속성과 라이노 옵션으로 해석된다. 절대공차 설정은 상단 Document Properties의 Units에서, 단축키 설정은 Rhino Options의 Aliases에서 설정한다. Rhino Options는 한 번만 설정하면 추후 해당 컴퓨터에서 구동되는 모든 라이노에 공통으로 적용된다. Document Properties는 라이노 문서를 만들 때마다 매번 해당 문서의 속성을 설정해야 한다. 즉, 단축키 설정은 이번 한 번만 진행하면 되고, 절대공차 설정은 매 문서마다 설정해야 한다.

❶ 단축키 설정

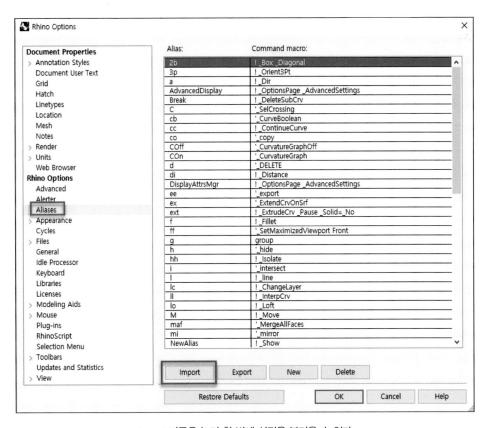

Import 버튼을 눌러 한 번에 설정을 불러올 수 있다

Rhino Options의 Aliases를 누르면 이미 기본적으로 설정되어 있는 단축키가 보인다. 좌측 Alias가 축약어이며, 우측 Command macro는 해당 축약어를 명령행에 입력 후 스페이스 바를 눌렀을 때에 실행되는 명령이다. 단축키를 적절히 설정해 놓는다면 모델링 작업시간이 대폭 줄어들 수 있다.

New 버튼을 눌러 단축키를 하나씩 설정할 수도 있다. 가령 g를 group 명령의 축약어로 설정하고 싶다면, New 버튼을 누른 후 좌측에는 g, 우측에는 group을 입력하면 된다. 여러 개의 이미 설정된 단축키를 한 번에 입력할 수도 있다. Import 버튼을 누르고, 미리 제작한 단축키 설정을 선택하면 된다.

이번 교육에 필요한 자료들은 모두 카페에 첨부해 놓았다. 파일을 다운로드해서 압축을 풀면 그 안에 자료들이 있다. 링크는 다음과 같다. (cafe.naver.com/digitarchi/99635) 첨부된 파일(digit_7.txt)을 Aliases에서 Import 하도록 하자. Import를 하면 기존 단축키와 충돌한다는 알림창이 나온다. Yes All을 선택하면 단축키 설정이 끝난다.

❷ 절대공차 설정

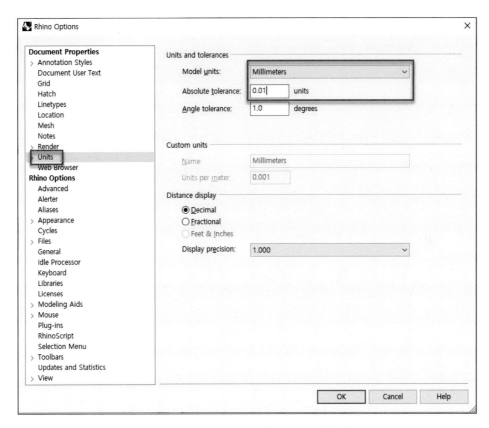

절대공차(Absolute tolerance)는 0.01로 설정하자

절대공차는 Document Properties의 Units에서 설정한다. Model Unit은 Milimeters로 설정하고, 바로 아래에 위치한 Absolute tolerance는 0.01 units으로 설정한다. 만약 0.01 밀리미터 이하 단위로 정밀한 모델링을 해야 한다면, 좀 더 정밀한(0.001) 설정이 필요할 수 있다. 가구나 건축 스케일로 모델링을 한다고 가정한 교육 커리큘럼이기 때문에 0.01 정도면 절대공차 때문에 문제가 생길 일은 없다.

절대공차는 '해당 문서에서 라이노가 파악하는 모델링 정밀도'다. 절대공차가 정밀하지 않다고 해서 모델링이 부정확하게 되는 것은 아니다. 절대공차는 특정 명령어를 사용할 때에만 잠시 개입한다.

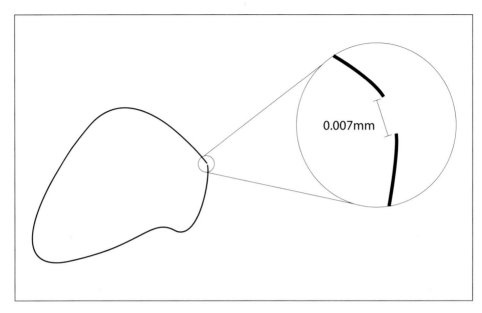

0.007mm

열린 커브에도 해치가 들어갈 수 있을까?

3D 모델링 작업뿐 아니라 2D 도면작업을 할 때에도 절대공차의 개념은 존재한다. 겉보기에는 닫힌 커브(Closed Curve)로 보이지만, 어느 한 부분을 확대해 보면 틈(gap)이 있는 경우가 있다. 그 틈이 0.007mm라고 가정하자. 이때 만약 절대공차가 0.001로 정밀하게 설정되어 있다면 0.007은 아주 큰 틈으로 인식될 것이다. 이 틈을 막지 않으면 해치(hatch)가 적용되지 않게 된다. 절대공차가 0.01 이었다면 아무 문제없이 해치가 들어갔을 것이다. 그렇다. 절대공차는 틈을 판별하는 기준이다. 밀리미터 단위에서는 0.01도 굉장히 정밀한 편이다. 위 내용을 정리하자면, 해치가 입력되는 경우는 두 가지다. 닫힌 커브이거나, 열린 커브더라도 그 틈이 절대공차보다 작거나.

모델링 돌아보기

본격적인 모델링 작업을 하기 앞서 기본적인 인터페이스와 몇 가지 팁을 알려주고자 한다. 카메라 시점을 이동하고 변경하는 기본적인 인터페이스부터 검볼(Gumball)까지의 내용을 여섯 갈래로 나누어 알아보자.

첨부파일 중 '01_모델링 돌아보기.3dm' 파일을 열어보자.

❶ 카메라

트윈모션이나 스케치업처럼, 라이노에서는 뷰포트에 표시되는 화면이 카메라다. 물론 카메라 오브젝트 자체를 선택할 수 있도록 옵션을 변경할 수는 있지만, '뷰포트 장면이 곧 카메라'라는 생각을 갖고 작업하는 게 좋다.

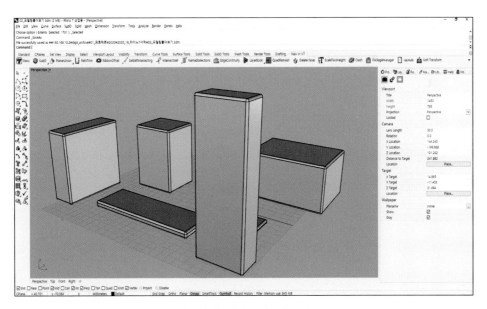

첨부파일(모델링 돌아보기.3dm)

첨부파일을 열어보면 다음과 같은 장면이 보일 것이다. 가장 기본적인 카메라 이동을 해보자. 뷰포트 좌측 상단에 Perspective라는 글씨가 보인다. 현재는 투시가 적용된 Perspective다. 화면을 마우스 우클릭 드래그하면 카메라가 회전한다. 마치 고개를 돌려 옆을 보는 것 같은 움직이다. 이를 RotateView라 한다. 이번에는 키보드에서 Shift키를 누른 채 마우스를 우클릭 드래그해 보자. 카메라가 옆으로 이동한다. 이를 Pan이라고 한다. Perspective를 제외한 나머지 뷰포트(Top, Front 등)에서는 그냥 마우스 우클릭 드래그가 Pan(단순 이동)이다. 정리하자면 다음과 같다.

	Perspectiv	Top, Front, Right
화면회전 (RotateView)		X
화면이동 (Pan)	Shift +	

첨부파일(02_모델링 돌아보기)

라이노 화면 우측에는 여러 가지 탭들이 있다. 속성(Properties), 레이어(Layers), 렌더링(Rendering) 등이다. 다양한 설정을 이 우측 탭에서 하게 된다.

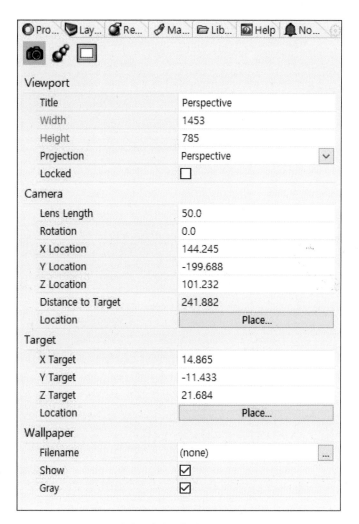

라이노 화면 우측에 위치한 탭

이중에서 첫 번째에 위치한 속성(Properties)에서 카메라 속성을 설정할 수 있다. Viewport의 Projection이 현재 투시(Perspective)로 되어 있다. 이를 평행(Parallel)이나 2점 투시(Two Point Perspective)로 변경할 수 있다. 투시나 2점 투시일 때엔 바로 아래에 있는 Camera의 렌즈 길이(Lens Length)를 수정할 수 있다. 보통 작업할 때엔 기본 설정인 Perspective, 렌즈 길이 50으로 작업한다. 2점 투시일 경우엔 높이로 표현되는 선들이 수직으로 표현되어 왜곡이 없다.

작업 상황	카메라 설정
일반 모델링 작업시	Perspective, 렌즈길이 50
다이어그램 제작시	Parallel
(사람 눈높이) 외부 투시도	Two Point Perspective

작업 상황별 카메라 설정

❷ 뷰포트

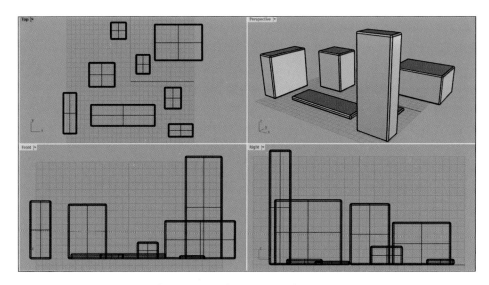

다양한 측면에서 모델링을 검토할 때 사용하는 4분할 화면

뷰포트는 작업 화면을 말한다. 화면에서 가장 넓은 면적을 차지하는 부분이 뷰포트다. 전체화면과 4분할, 두 가지가 기본이다. 모델링을 앞이나 옆, 위에서 동시에 검토하면서 작업해야 한다면 4분할 화면을 사용한다. 그 외에 보통의 경우엔 한 개의 뷰포트만 크게 보는 전체화면 모드를 사용한다. 뷰포트 좌측 상단의 글씨(Perspective)를 더블클릭하면 4분할 모드로 바뀌게 된다. 이중에서 전체화면으로 보고 싶은 뷰의 글씨를 더블클릭하면 해당 뷰가 전체화면으로 된다.

보통은 Perspective 뷰를 전체화면으로 작업하지만, 때에 따라서 Top 뷰나 Front 뷰를 전체화면으로 설정해야 할 때가 있다. 섭디 모델링을 하면서는 특히나 필요한 기능이다. 이를 단축키로 만들어 놓았다. 앞서 설정한 단축키(digit_7.txt)에 포함된 내용이다.

단축키	기능
t t	Top 뷰 최대화
f f	Front 뷰 최대화
pp	Perspective 뷰 최대화

뷰포트 최대화 단축키

위 세 명령어(tt, ff, pp)는 다른 명령어 실행 중에도 언제든 개입할 수 있다. 매스의 높이를 측정해야 할 때엔 Front 뷰에서, 옆으로 길이를 측정해야 할 때엔 Top 뷰나 Perspective 뷰에서 작업해야 한다.

❸ 뷰 설정

라이노에선 다양한 뷰 모드를 지원한다. 가장 많이 사용되는 뷰는 와이어프레임(Wireframe)과 음영(Shaded)이다. 개체마다 설정된 재질을 확인하고 싶다면 렌더(Rendered)뷰를 이용하면 된다. pp 명령을 이용해 Perspective를 최대화하자. 좌측 상단에 위치한 Perspective 글씨를 우클릭해서 뷰 설정을 변경할 수 있다.

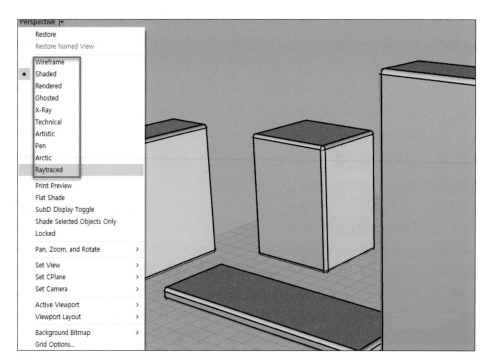

다양한 뷰 설정을 지원하는 라이노

Wireframe부터 Raytraced까지가 뷰 설정을 바꿀 수 있는 부분이다. Wireframe을 선택해보자. 화면에 모든 개체가 엣지(Edge)로 표현된다. 앞에 위치한 개체 때문에 뒷 부분이 보이지 않을 때 사용하는 설정이다.

뷰 설정을 Shaded로 바꾸면 개체 형태가 한 눈에 들어오도록 서피스에 음영이 표현된다. 마지막으로 Rendered로 설정을 바꾸면, 개체에 적용된 재질이 표현된다. 실제 렌더링된 화면은 아니지만, 꽤나 훌륭하게 표현되는 뷰다. 참고로 뷰 설정 중에서 Raytraced는 실제 렌더링이 되는 설정이다. 그래픽카드 성능이 아주 좋다면 Raytraced에서 모델링 작업을 할 수도 있겠지만, 보통의 경우엔 최종 결과물을 확인할 때에만 사용한다. 모델링 작업에 많이 사용되는 뷰는 Wireframe, Shaded, Rendered다. 이를 한글로는 와이어프레임, 음영, 렌더뷰라고 한다.

단축키	기능
wf	와이어프레임 뷰
sf	음영 뷰
rf	렌더 뷰

뷰 설정 변경 단축키

이 세 명령어들 또한 다른 명령어 실행 중에 개입할 수 있다. 기본적으로 음영 뷰(sf)에서 모델링 작업을 하고, 가끔 와이어프레임(wf)이나 렌더뷰(rf)에서 모델링을 확인한다.

❹ 개체 확대

오토캐드 작업을 할 때 꼭 사용하는 명령이 있다. 바로 줌올(Zoom All)이다. 뷰포트에 그간 작업한 모든 내용이 한 눈에 들어오도록 확대(Zoom)하는 명령이다. 라이노에도 같은 기능의 명령이 있다.

라이노에서 확대(줌)는 크게 두 가지로 구분된다. 개체 확대와 부분 확대다. 각각 단축키로는 ZS와 Z다. 화면에 보이는 개체를 하나 선택하고 ZS 명령을 입력해보자.

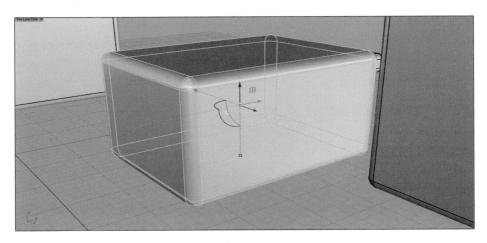

개체 확대(ZS)를 사용한 모습

선택했던 개체가 눈 앞에 확대된다. 카메라 화면(우클릭 드래그)의 중심도 개체에 맞춰진 다. 뿐만 아니라 마우스 휠을 이용한 화면 확대/축소도 적절한 감도로 조절된다. 가끔 모 델링 작업을 하다가 마우스 휠 확대/축소가 잘 안되는 경우가 생긴다. 이럴 때에 ZS를 이 용해서 개체 확대를 하면 문제를 해결할 수 있다. Ctrl+A를 누르면 라이노 화면에 있는 모든 개체가 선택된다. 이 상태에서 ZS 명령을 입력해보자. 모든 개체를 기준으로 확대된 다. 오토캐드에서의 줌올인 셈이다.

특정 개체를 중심으로 확대하는 것이 아니라, 특정 부분을 확대할 수도 있다. Z 명령을 실 행하고, 확대할 부분을 드래그로 표시해보자. 그 부분이 확대된다. 개체 확대는 ZS, 부분 확대는 Z를 기억하자. 이중에서 부분 확대인 Z는 다른 명령어 실행 중에도 개입할 수 있다.

단축키	기능
ZS	개체 확대
Ctrl + A , **ZS**	전체 개체 확대(줌올)
Z	부분 확대

개체 확대와 부분 확대 단축키

❺ 보이기와 숨기기

모델링 작업을 하다보면 데이터가 계속 쌓인다. 디테일한 부분까지 표현한다든가 규모가 큰 프로젝트를 작업하다보면 모델링 용량이 1기가가 넘어가는 경우도 있다. 쾌적한 모델 링 작업환경을 구성하기 위해서는 숨기기(Hide)와 보이기(Show) 명령 사용이 필수다.

화면에 보이는 개체 중 세 개를 선택해보자. 우선 한 개체를 클릭으로 선택한 다음, Shift 키를 누르고 두 번째와 세 번째 개체를 클릭하면 된다. 세 개의 개체가 선택된 상태에서 H(Hide) 명령을 입력해보자. 방금 선택한 개체들이 숨겨졌다. 모델링 작업 중 잠시 숨기 고 싶은 개체가 있다면 이와 같이 H 명령으로 숨기면 된다.

이어서, 다른 개체를 하나 선택하고 HH(Invert Hide) 명령을 입력해보자. 해당 개체만 보 여지게 된다. 정확히 말하면, 해당 개체를 제외한 나머지 개체들이 숨겨진 것이다. HH는 이번에 설정한 단축키 중 하나로, 원래는 Isolate 명령이다. 특정 개체만 화면에 보여지게 하고 작업해야 할 때에 사용하는 명령이다.

이번에는 SH(Show) 명령을 입력하자. SH는 Show 명령의 단축키로, 숨겨진 모든 개체를 보이게 하는 명령이다. 앞서 숨겨놨던 세 개의 개체까지 보이게 되었다. 쾌적한 모델링 작업환경을 유지하려면 H, HH, SH 명령을 적절히 활용할 수 있어야 한다.

단축키	기능
h	선택 개체 숨기기
hh	선택 개체 제외하고 숨기기
sh	모든 개체 보이기

보이기와 숨기기 관련 단축키

⑥ 오스냅

라이노에선 두 가지 스냅이 있다. 그리드 스냅(Grid Snap)과 오브젝트 스냅(Object Snap)이다. 두 스냅 모두 라이노 작업창 하단에서 설정할 수 있다.

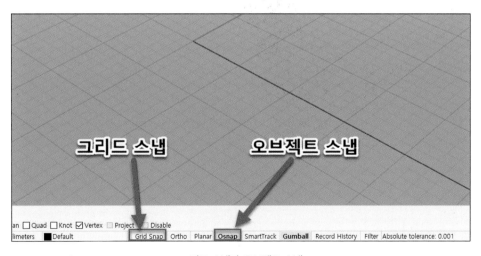

그리드 스냅과 오브젝트 스냅

그리드 스냅은 라이노 그리드에 맞춰 스냅이 잡히는 설정이다. 그리드에 맞춰서 작업할 때에 사용하는데, 사용할 일이 거의 없다. 오히려 그리드 스냅 설정이 켜져 있으면 의도하지 않은 곳에 스냅이 잡혀 모델링이 엉망이 될 수 있다. 오브젝트 스냅은 영어로 Osnap이라고 되어 있다. Object Snap의 줄임말이다. 끝점, 중간점, 교차점 등의 포인트에 스냅을 잡을 때에 사용한다. Osnap 부분을 클릭하면 바로 위에 옵션이 생기는데, 적절한 옵션을 선택해주면 된다. 필자는 End, Mid, Int, Perp 옵션을 체크해서 작업한다.

❼ 검볼

검볼은 개체를 선택했을 때 보이는 화살표 묶음이다. Gumball은 하단 옵션 중 Osnap 우측에 위치해있다. 검볼 옵션을 켰다면 Gumball 글씨가 굵게 표현될 것이다. 검볼은 개체를 선택했을 때에만 보인다.

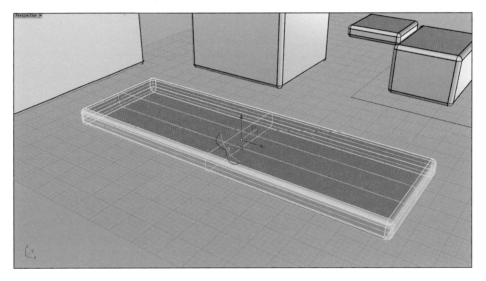

검볼은 개체를 선택해야만 보인다

검볼은 총 세 가지 기능이 있다. 세 기능은 이동(Move), 회전(Rotate), 크기조정(Scale) 이다. 각각 검볼의 화살표, 사분원, 조그만 사각형을 이용해 기능한다. 이중에서 가장 많이 사용되는 기능은 이동이다.

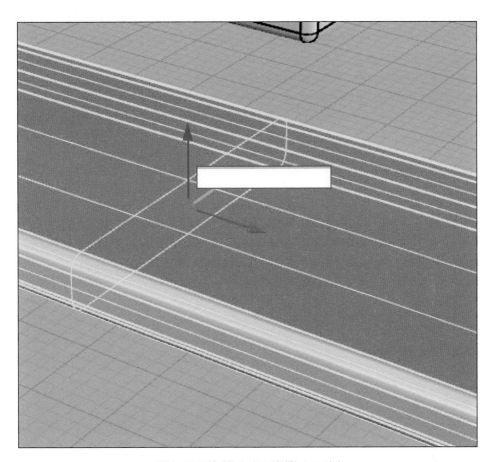

화살표를 클릭해서 숫자를 입력할 수도 있다

각 화살표마다 방향이 있다. 파란색은 Z축, 빨간색은 X축, 초록색은 Y축이다. 검볼의 화살표를 클릭해서 값을 입력할 수도 있는데, 가령 파란색 화살표를 클릭하고 12를 입력하면 Z방향으로 개체가 12만큼 이동한다. 참고로 숫자 앞에 마이너스를 붙이면 반대로 이동한다.

검볼은 섭디 모델링을 할 때에 가장 많이 활용된다.

R H I N O

02

넙스 가구 모델링

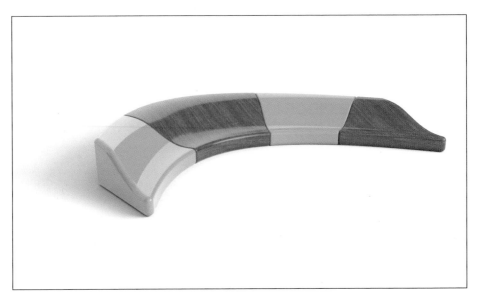

넙스 가구 모델링

이번 파트에서는 가볍게 가구 모델링을 하면서 라이노 명령어 활용 방법을 알아볼 것이다. 이번 강의에서 사용되는 명령어들은 다음과 같다. 모델링 작업을 하면서 기본적으로 사용하는 명령어들(sh, hh, h, pp)은 별도로 기입하지 않았다.

순서	작업내용	명령어	단축키
[1]	2D 단면선 제작	Rectangle	**rec**
		Curve	**c**
		Trim	**tr**
		Join	**j**
[2]	3D 기본 모델링	Rotate 3d	**ro3**
		Copy	**co**
		Loft	**lo**
		Cap	단축키 없음
[3]	모델링 자르기	Line	**l**
		Extrude Crv	**ext**
		Split	**sp**
[4]	마무리	Fillet Edge	**fe**

넙스 가구 모델링 명령어

모델링 과정을 대략 구분해 보자면 다음과 같다. 2D 단면선을 만들고, 그 단면선을 이용해서 3D 기본 모델링을 진행한다. 그다음에는 최종 렌더링 이미지에서 확인할 수 있듯이 모델링을 잘라서 재료를 구분할 수 있도록 한다. 마지막 마무리 단계에서는 모델링 모서리에 필렛을 적용해서 부드럽게 보이도록 처리한다. 그러면 이제 단계별로 작업을 시작해보자. 첨부파일 중 '02_넙스 가구 모델링.3dm' 파일을 열어보자.

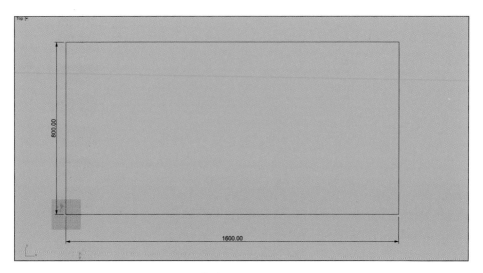

Rectangle(rec) 명령으로 제작한 사각형

- Rectangle(rec) 명령으로 원점(0, 0, 0)에 사각형을 그릴 것이다. 명령 입력 후 First Corner를 지정하라는 명령행에 '0'을 입력하면 원점이 찍힌다. 그다음 '1600, 800'을 입력하면 사각형이 만들어진다.
- 2D 작업은 Top뷰에서 하면 편하다.

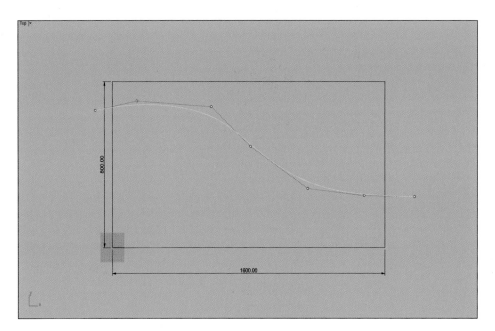

Curve(c)로 만든 단면선은 F10으로 조정할 수 있다

- Curve(c)는 넙스 커브를 만드는 명령이다. Curve(c)로 사각형을 가로지르는 곡선을 그린다. 단, 이때에 사각형을 충분히 넘어가도록 그려야 한다.
- 클릭한 곳에 컨트롤 포인트(Control Point, CP)가 생기면서 커브가 만들어진다. 너무 많은 컨트롤 포인트가 생기면 커브 형태가 찌그러지게 만들어지기 쉽다. 적당한 클릭 (7~8회)으로 커브를 만들자.
- Curve(c) 명령은 마지막에 스페이스 바 또는 엔터를 이용해서 마무리해야 한다. esc키를 눌렀다가는 그 동안 클릭으로 만들었던 커브가 없어지니 주의하자.
- 커브를 선택하면 컨트롤 포인트가 다시 보이게 된다. 이때 검볼(Gumball) 화살표나 Move(m) 명령을 이용해서 컨트롤 포인트의 위치를 바꿀 수 있다. 컨트롤 포인트 위치에 따라 커브가 달리 표현된다.

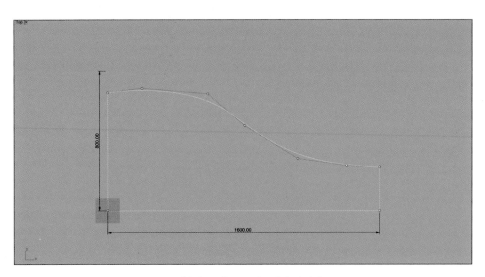

Trim(tr)과 Join(j)으로 마무리된 단면선

- Trim(tr)으로 자투리 선들을 잘라낸다. 사각형 윗부분과 사각형을 넘어간 커브 끝부분을 자른다.
- Join(j)으로 정리된 커브(사각형 아랫부분과 커브)를 조인한다. 조인이 제대로 되었는지 확인하려면 개체를 선택해 보면 된다. 다음과 같이 한 번의 클릭으로 두 커브가 선택됐나면 성공적으로 조인이 된 것이다.

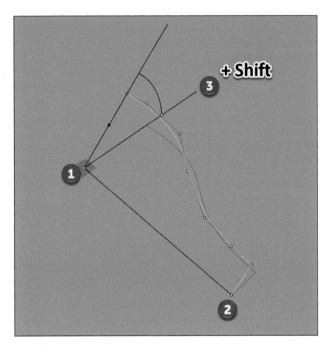

검볼(Gumball)을 이용해서 Rotate3d 할 수도 있다

- 2D 단면선 제작 단계가 끝났으니, 이제 Perspective뷰(pp)로 넘어온다.
- Rotate3d(ro3) 명령을 이용해서 커브를 일으켜 세운다. 이 명령을 쓰기 전에 오스냅 설정 중 END가 체크되어 있는지 확인하자. 커브의 끝(END)점을 찍어야 제대로 회전시킬 수 있다.
- Rotate3d(ro3)는 처음 두 번의 클릭으로 회전축을 설정한다. 그림에서 보는 것과 같이 아래 직선의 시작과 끝점을 축으로 설정한다.
- 그다음, Shift키를 눌러(수직) 끝점을 선택한다.
- 마지막으로 Shift키를 누른 상태에서 90도 올라간 부분을 클릭하면 세워지게 된다.

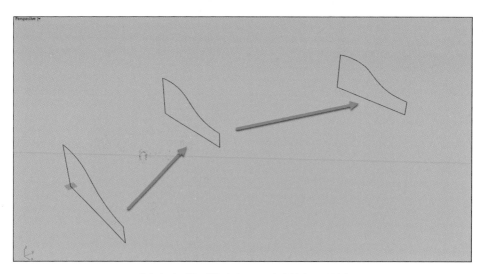

단면선 세 개를 이용해서 3D 모델링 형태가 잡힌다

- 단면선을 두 개 더 복사해서 총 세 개로 만들 것이다.
- Copy(co) 명령으로 적절한 위치에 단면선을 복사한다.
- 검볼 사용이 익숙하다면, Alt키를 누른 채 검볼 화살표를 드래그해 보자. 추천하는 방식은 아니지만, 그런 방법으로 개체를 복사할 수도 있다.

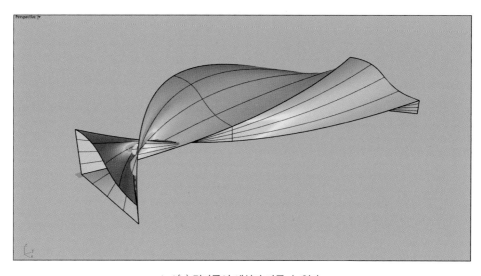

Loft(lo) 결과물이 예상과 다를 수 있다

- 커브 세 개를 선택하고 Loft(lo) 명령을 입력하자. 스페이스 바를 두 번 입력해야 명령이 마무리된다.
- 예상하던 모습과는 다르게 꼬인 형태의 지오메트리가 만들어질 수 있다. 커브 정렬이 제대로 안 되었기 때문이다. 실행취소(Ctrl+Z)를 하고 다시 차근차근 Loft(lo)해 보자.

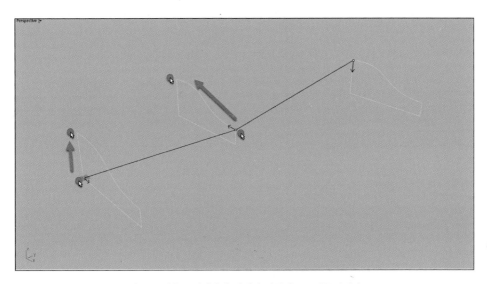

커브를 제대로 정렬해야 개체가 정상적으로 만들어진다

- 모두 같은 방향으로, 같은 시점에서 시작해야 한다. 포인트를 클릭해서 커브의 한쪽 방향으로 이동시키고, 혹시 방향이 반대일 경우에는 화살표를 클릭해서 반전시키자.

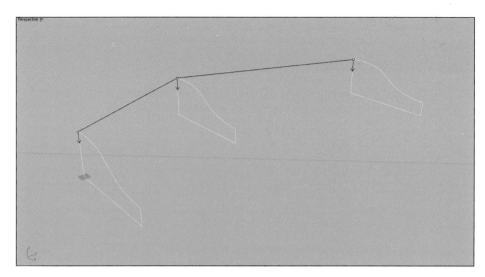

방향과 시작점을 일치시킨 모습

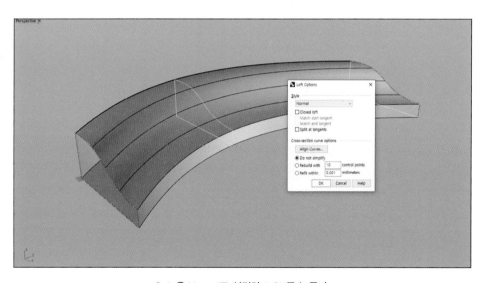

Style은 Normal로 설정하고 OK를 누른다

- Loft 옵션 중 Style은 Normal로 설정한다.
- OK 버튼을 누르면 결과물이 만들어진다.

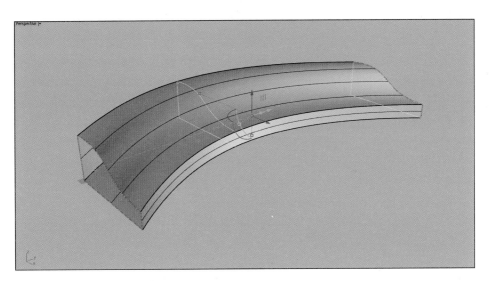

작업 화면에서 필요없는 개체는 선택해서 삭제한다

- Loft(lo) 작업이 끝나면 커브들은 선택해서 삭제해도 좋다. 커브들이 있다면 이후에 진행하는 모델링 작업에 방해될 수도 있기 때문이다.
- 유형별 개체선택 명령어는 다음과 같다. 이번 같은 경우엔 SelCrv 명령으로 커브를 선택할 수 있다. 삭제는 개체들이 선택된 상태에서 delete키를 누르면 된다.

명령어	실행 내용
Sel Pt	포인트 선택
Sel Crv	커브 선택
Sel Open Crv	열린 커브 선택
Sel Closed Crv	닫힌 커브 선택
Sel Srf	서피스 선택
Sel Polysurface	폴리 서피스 선택
Sel Mesh	메쉬 선택
Sel SubD	섭디 선택

포인트, 커브, 서피스 등을 구분하여 선택하는 명령어다. 보통은 삭제하기 위해서 개체를 선택하는 경우가 많다. 특히 이중에서 Sel Crv와 Sel Srf 명령의 사용 빈도가 높다. 모델링 작업 중에 아주 많이 사용되는 명령어들이 아니라서 따로 단축키를 만들어 놓지는 않았다.

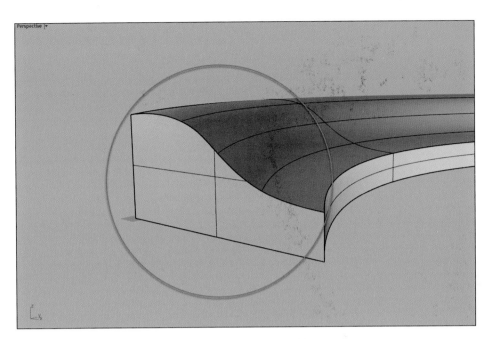

Cap 명령으로 끝막음을 했다

- Cap은 뚫린 부분이 평면일 경우에 이를 막아주는 명령이다. 결과물인 폴리서피스를 선택하고 Cap을 입력하면 앞, 뒤에 뚫린 부분이 막힌다.
- Cap 명령으로 개체가 닫힌 폴리서피스로 되었다. 라이노에서는 '닫힌 폴리서피스'를 '솔리드'라고 한다.

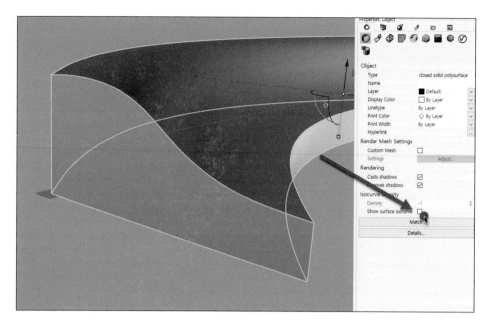

간단한 설정으로 아이소커브를 안 보이게 할 수 있다

- 폴리서피스는 항상 아이소커브가 보인다. 서피스가 어떻게 생겼는지 보여주기 위한 보조선이다. 복잡한 2차 곡면 모델링 작업에는 아이소커브를 보면서 작업하면 도움이 될 수 있다.
- 하지만 지금처럼 간단한 모델링 작업을 할 때에는 오히려 작업에 방해가 된다.
- 폴리서피스를 선택하고, 우측 Properties(속성)탭에서 Show surface isocurve 체크를 끄도록 하자.

개체 선택 유무에 따른 속성 탭의 차이

개체 선택시

개체 속성

VS

개체 미선택시

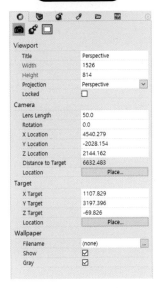

카메라 속성

Properties 탭은 개체를 선택했느냐 선택하지 않았느냐에 따라 두 가지로 보인다. 개체를 선택했다면 해당 개체에 대한 정보가 보인다. 개체 타입, 색상, 레이어, 아이소커브 표시 유무 등을 확인할 수 있다. 만약 개체를 선택하지 않은 상태라면 뷰포트와 카메라에 대한 설정이 보인다.

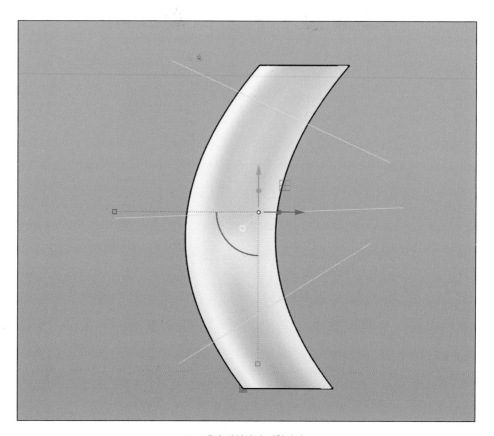

Top에서 작업하면 정확하다

- Line(l) 명령으로 세 개의 선을 그릴 것이다. 이 선들은 분할(Split)의 기준이 된다.
- 선은 Top에서 그리면 정확하게 그릴 수 있다.
- 3D 모델링된 개체를 충분히 넘을 수 있도록 선을 그리자.

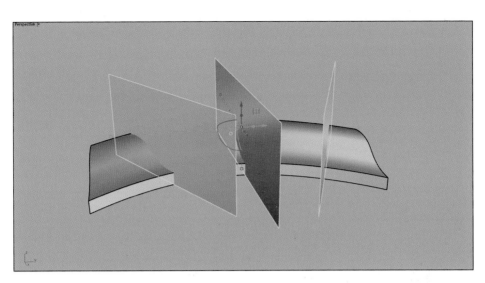

3D 작업은 Perspective에서 작업하면 좋다

- 다시 Perspective로 넘어와서 3D 작업을 이어가자.
- 세 개의 선을 선택한 다음, ExtrudeCrv(ext)를 이용해 서피스를 만든다. 이렇게 만든 서피스는 분할의 기준이 된다. 돌출되는 높이도 개체를 충분히 담을 수 있을만큼 높이 설정하자.

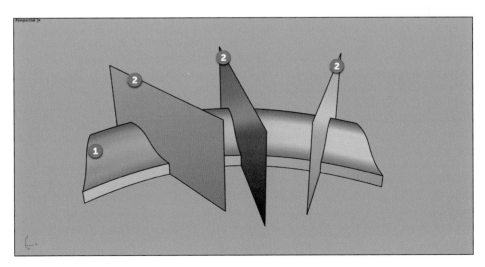

Split(sp)은 자를 개체를 먼저 선택한다

- Loft(lo)로 만든 개체를, 방금 제작한 세 개의 서피스로 분할할 것이다.
- Trim(tr)과 Split(sp)은 개체 선택 순서에 차이가 있다. Trim(tr)은 잘릴 개체를 나중에 선택하지만, Split(sp)은 잘릴 개체를 먼저 선택한다.
- Split(sp) 명령 입력 후 1번 선택 엔터, 2번(세 개) 선택 엔터.
- 분할 작업이 끝난 후에는 커브와 서피스 개체를 선택해서 삭제한다(Sel Crv, Sel Srf, delete키).

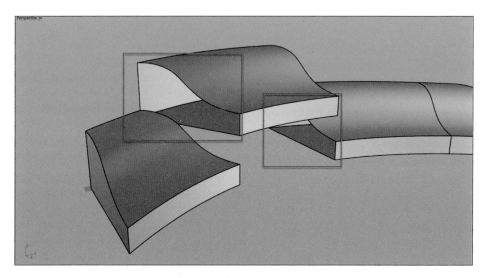

분할된 개체는 열린 폴리서피스로 바뀌게 된다

- 분할된 개체들은 열린 폴리서피스로 바뀌게 된다. 확인하고 싶다면, 개체를 선택하고 속성탭에서 확인해도 되고, 검볼을 이용해 직접 이동시켜서 확인해도 좋다.
- 조각난 폴리서피스들을 모두 선택하고, Cap 명령을 이용해 솔리드로 만들자.

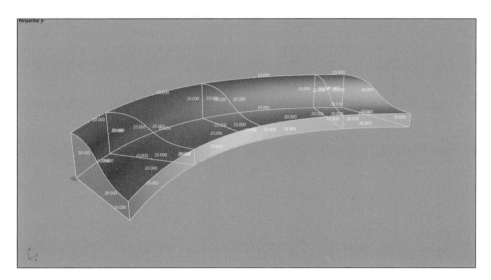

전체적으로 모서리마다 필렛을 주면 좋다

- 모델링 마지막으로 FilltEdge(fe)를 적용한다. 옵션 중 NextRadius를 20으로 설정하자.
- FilletEdge(fe) 명령은 값(NextRadius)을 먼저 입력하고 모서리를 나중에 선택해야 한다.
- 스페이스 바를 두 번 누르면 명령이 종료된다.
- 이렇게 모델링은 마무리된다.

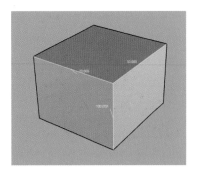 >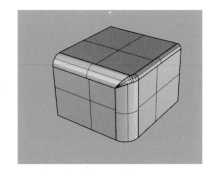

FilletEdge(fe) 명령은 각 모서리마다 서로 다른 반지름 값을 입력할 수 있다. 다만 모서리를 선택하기 전에 값을 먼저 설정해야 한다. 옵션 값도 Radius가 아니라 Next Radius라고 이름 붙인 이유다.

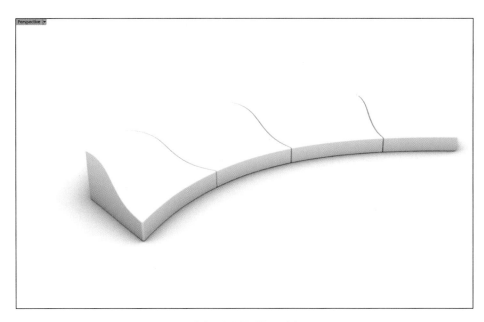

렌더뷰에서 확인한 모델링

• 모델링이 끝났으니 렌더링을 준비하자. 렌더뷰(rf)로 넘어오면 다음과 같이 모델링이 보일 것이다.

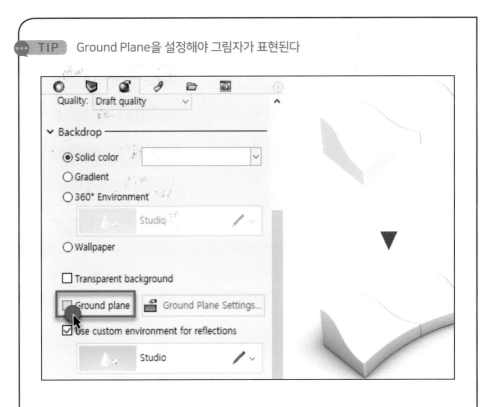

TIP   Ground Plane을 설정해야 그림자가 표현된다

렌더뷰에서 그림자(정확히 말하자면 앰비언트 오클루전)가 표현되지 않는다면 우측 Rendering 탭에서 Backdrop(배경막) 부분에 있는 Ground Plane 설정이 꺼져있지는 않은지 확인하자. 별도 의 조명을 넣지 않더라도 제법 렌더링이 된 것 같이 음영을 표현해주는 옵션이다.

렌더링 파트

순서	구분	작업내용	탭/명령어
[1]	재질 입력	재질 가져오기	**Materials**
		재질 적용하기	
[2]	렌더링 설정	조명 설정	**Lights**
		배경 설정	**Renderings**
		해상도 설정	
[3]	렌더링	denoiser 설치	**Package Manager**
		렌더링	**Render**

넙스 가구 렌더링 명령어

라이노에는 Cycles라는 렌더러가 포함되어 있다. 다양한 재질을 지원하고, 렌더링 관련된 설정 입력이 간단하다. 누구든 짧은 시간에 렌더링을 배워야 한다면 다른 렌더러보다 Cycles를 학습해 보길 추천한다. 재질 입력, 렌더링 설정 후 렌더링하는 과정을 차례대로 알아보자.

❶ 재질 입력

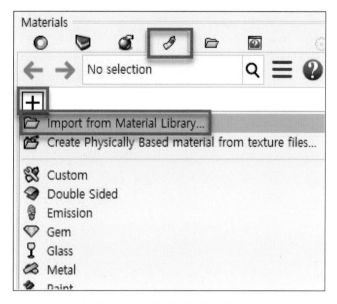

재질은 Materials 탭에서 설정하고 입력한다

- 우측 Materials 탭을 누르면 재질 입력창이 보인다. 현재는 아무런 재질이 불러와지지
  않은 상태다.
- 플러스 버튼을 누른 후, Import from Material Library...를 클릭한다.

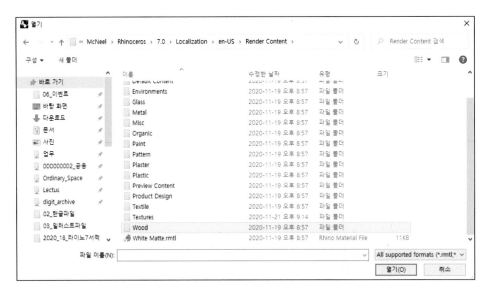

Render Content 폴더가 재질 라이브러리다

- Render Content는 재질 관련된 자료들이 모여있는 곳이다.
- Wood 폴더에 들어가 적당한 재료를 하나 선택하고 열기 버튼을 누른다.

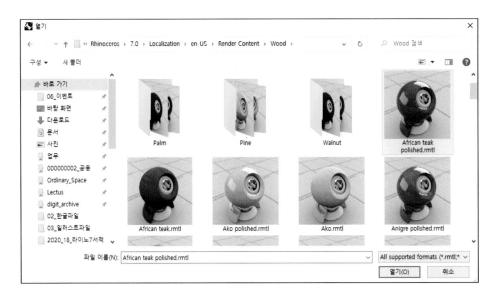

재질 미리보기 화면

- Ctrl + 휠 드래그를 하면 재질 미리보기가 보인다.
- 필자는 African teak polished를 선택했다.

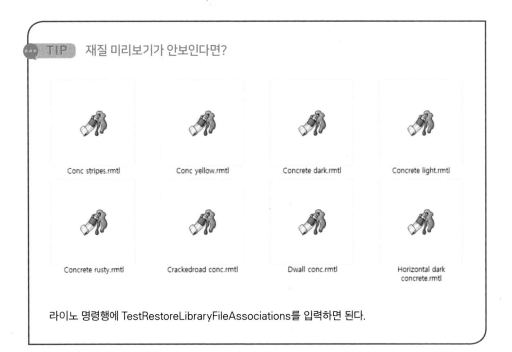

TIP 재질 미리보기가 안보인다면?

Conc stripes.rmtl

Conc yellow.rmtl

Concrete dark.rmtl

Concrete light.rmtl

Concrete rusty.rmtl

Crackedroad conc.rmtl

Dwall conc.rmtl

Horizontal dark concrete.rmtl

라이노 명령행에 TestRestoreLibraryFileAssociations를 입력하면 된다.

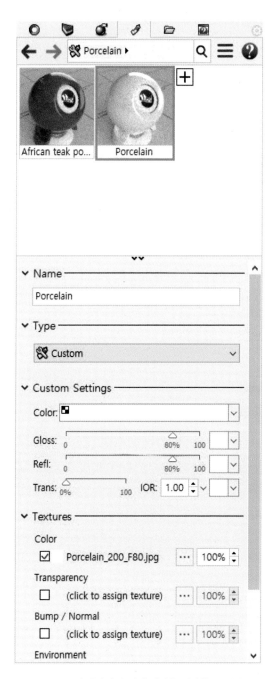

Materials 탭 하단에서 재질 설정을 변경할 수 있다

- 같은 방법으로 Ceramics에 있는 Porcelain도 갖고 왔다.
- Materials 탭 하단에서 선택한 재질에 대한 설정을 할 수 있다. 색상이나 반사도, 투명도 등을 조절할 수 있다.

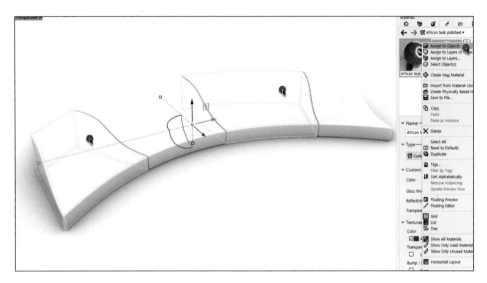

개체를 먼저 선택하고 재질을 입력한다

- 첫 번째와 세 번째 개체를 선택하고, Rendering 탭에 있는 재질 중 하나를 우클릭한다.
- Assign to Objects를 클릭하면, 현재 선택된 개체에 해당 재질이 입력된다.
- 같은 방식으로, 두 번째와 네 번째 개체에는 Porcelain 재질을 적용하자.

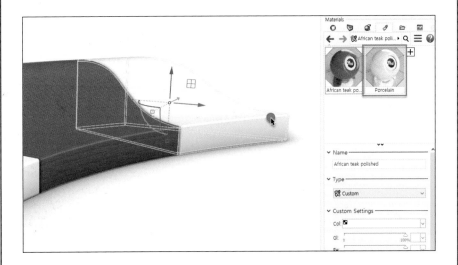

개체에 적용된 재질을 알아내기 위해서는, 개체를 선택하고 Materials 탭을 보면 된다. 해당 개체에 적용된 재질이 노란색으로 표현된다.

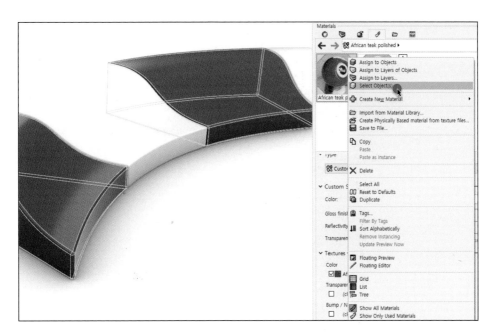

해당 재질이 적용된 개체를 알아낼 수도 있다

- 특정 재질이 어떤 개체에 적용되었는지 확인하기 위해서는, Materials 탭에서 재질을 우클릭하고 Select Object(s)를 선택하면 된다.
- 선택된 상태에서 hh 명령을 입력하면, 해당 개체만 보이게 되어 더욱 쉽게 알아볼 수 있다.

❷ 렌더링 설정

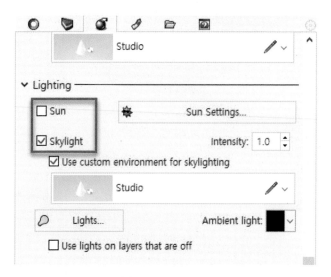

Rendering 탭에서 조명 관련 설정을 할 수 있다

- Rendering 탭은 렌더링과 관련된 모든 설정이 모여 있는 곳이다.
- 그중 Lighting에서 조명 설정을 할 수 있다. Sun과 Skylight이 있다. Sun은 직접광인 태양이고, Skylight은 간접광인 산란된 빛이다.
- Sun 실징을 켜면 너무 외부에 있는 느낌이 나기 때문에 켜지 않고, 조명을 별도로 만들어 보겠다.

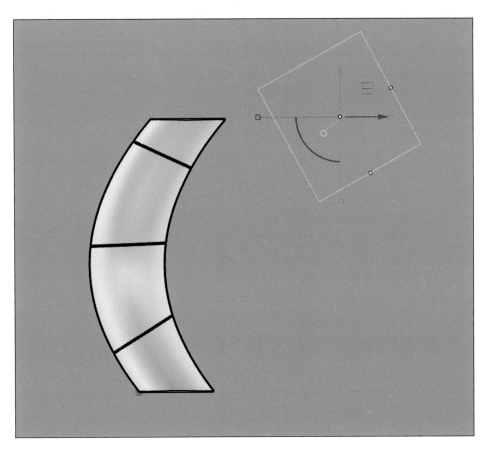

조명은 Top에서 제작한다

- Top뷰에서 조명을 제작한다. 조명은 와이어프레임(wf)이나 음영(sf)뷰에서 만들도록
  한다.
- RectangularLight 명령으로 사각형 조명을 만들 수 있다.

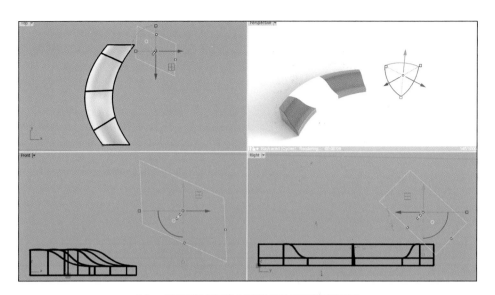

4View 상태에서 검볼을 이용해 조명 위치를 조정한다

- 보통은 한 개의 뷰포트를 최대화시켜놓고 작업하지만, 조명을 배치시키는 작업만큼은 4View에서 한다. 참고로 4View 명령을 입력하면 화면이 4분할된다.
- 검볼의 이동, 회전 기능을 이용해서 적절한 위치에 조명을 배치하자. Perspective에서 결과물을 보면서 실시간으로 조정하자.
- 사각형 중앙에 있는 화살표가 조명 빛이 나오는 방향이다. 만약 방향이 반대로 뒤집어져 있다면, Flip 명령으로 조명 빛 방향을 뒤집을 수 있다.

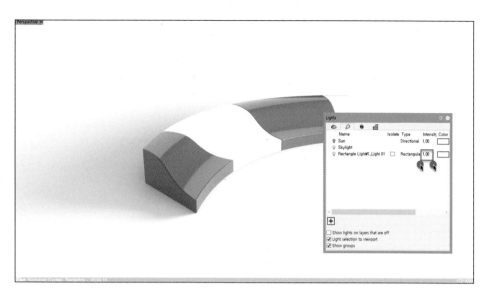

Lights 명령으로 조명 패널을 열 수 있다

- Lights 명령을 입력하면 모든 조명이 보인다.
- Sun은 꺼져 있는 상태고, Skylight는 켜져 있는 상태다. 방금 제작한 사각형 조명이 세 번째에 위치해 있다.
- 참고로 SelLight 명령으로 모든 조명을 선택하면, 사각형 조명만 선택된다. Sun과 Skylight는 조명 개체가 아니라 조명 환경이다.
- Rectangular Light의 Intensity를 0.3으로 조정하면 빛 밝기가 약해진다. 다만 값을 바꾸고자 하는 칸을 '천천히 두 번 클릭'해야 값을 조정할 수 있다.

바닥 재질을 설정해야 사실감이 높아진다

- 현재는 Ground Plane이 켜져 있기에 그림자가 표현된다. Ground Plane에 재질을 입력하면 사실감이 더욱 살아난다.
- Rendering 탭, Backdrop에 있는 Ground Plane Settings...를 클릭하면 옵션창이 생긴다.
- 이중 Effect에 있는 Use a material을 클릭하면, 하단에 옵션이 표현된다.

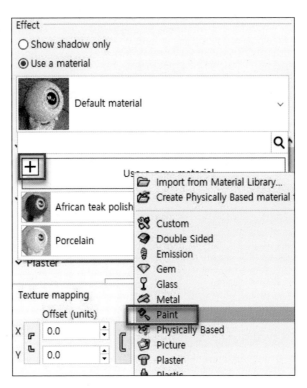

바닥 재질도 Material Library에서 가져온다

- Ground Plane에 재질 입력하는 방법은 일반 개체에 재질 입력하는 방식과 동일하다.
- 플러스 버튼을 누르고 Paint를 클릭한다. 이렇게 이미 설정된 재질을 바로 입력할 수도 있다.

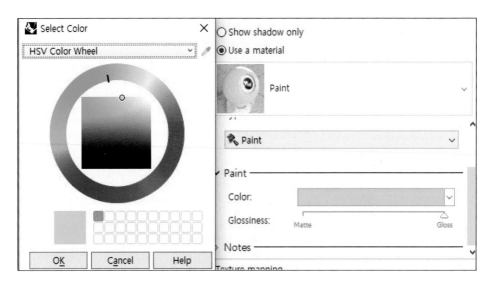

하단 옵션에서 재질 설정을 변경할 수 있다

- 하단 옵션이 선택한 재질(Paint)에 맞춰 바뀐다.
- Color 우측 버튼을 클릭해서 적당한 색상으로 변경하고 OK를 누른다.

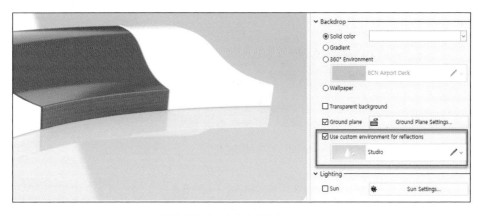

환경맵을 설정하면 사실감이 높아진다

- 반사값이 적용된 재질이 있다면 환경맵을 설정해야 한다. 그렇지 않으면 사실감이 떨어져 보인다.

- Rendering 탭, Backdrop 부분에 반사를 위한 환경이 현재 Studio로 되어 있는 것을 확인할 수 있다.

환경맵 설정 방법도 재질 설정과 비슷하다

- 현재 설정된 Studio를 클릭하고, 플러스 버튼을 누른 후 Import from Environment Library...를 클릭한다.

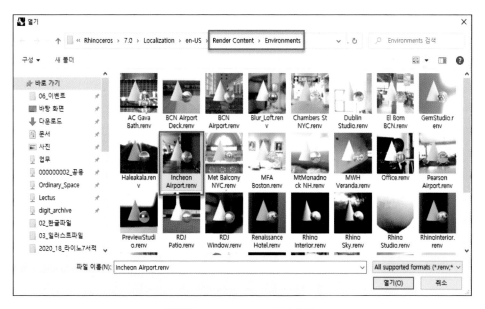

환경맵도 Render Content 폴더에 있다

- 환경맵은 Render Content 폴더 안에 있는 Environments 폴더에 있다.
- 이중에서 적당한 환경맵을 선택하고 열기를 누른다.

반사값 높은 재질에 환경이 표현된다

- 이제는 해상도 설정을 하고 렌더링을 해야 한다. 해상도 또한 Rendering 탭에서 설정 할 수 있다.

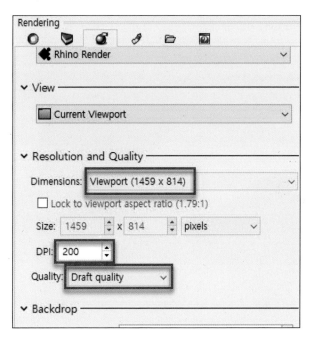

Quality는 Low부터 Final까지 총 네 가지로 구분되어 있다

- Resolution and Quality에서 해상도를 설정할 수 있다. Dimensions가 Viewport라는 것은, 현재 최대화 되어 있는 Perspective의 해상도를 그대로 사용하겠다는 뜻이다. 만약 해상도가 높거나 사이즈가 큰 모니터로 작업하는 사람이라면, Viewport 옆에 표현된 숫자가 이보다 더 클 것이다.
- DPI는 200으로, Quality는 Draft quality로 설정한다. 참고로 패널에 넣을 정도의 렌더링 퀄리티를 원한다면 Good quality 이상(Good, Final)으로 설정하면 된다.

❸ 렌더링

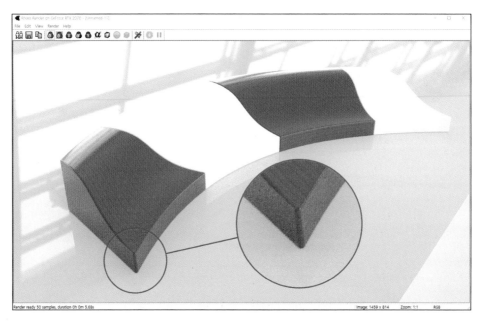

Render 명령으로 렌더링을 할 수 있다

- 명령행에 Render를 입력하면 렌더링이 진행된다. 단, 이때에 뷰포트가 Raytraced였다면 진행되던 뷰포트 렌더링은 자동으로 멈추게 된다.
- 렌더창 하단에 렌더링 진행상황이 표현된다. 렌더링 작업에 총 5.68초 걸렸다고 표시되고 있다.
- 렌더링된 화면을 보면 먼지가 낀 듯이 노이즈가 생긴 것을 확인할 수 있다. 노이즈를 없애기 위해선 quality 설정을 올리거나 해상도를 올려야 한다. 또는 denoiser를 사용하는 방법도 있다.
- 렌더링 창을 끄고, 다시 라이노 화면으로 넘어와 denoiser를 설치해 보도록 하자.

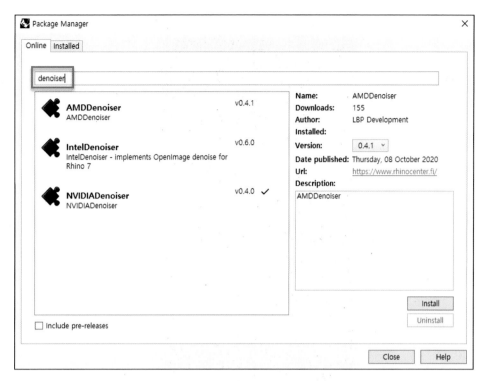

denoiser 종류는 세 가지가 있다

- PackageManager 명령을 입력하자. 플러그인(라이노 앱)과 애드온(그래스호퍼 앱)을 다운로드받고 관리하는 창이 뜬다. Online에서 denoiser를 검색하면, 세 가지 앱이 검색된다. 이중에서 본인 그래픽카드에 맞는 denoiser를 선택해서 설치하면 된다.
- 필자의 그래픽카드는 NVIDIA Geforce RTX 2070이기 때문에 가장 아래에 있는 NVIDIA Denoiser를 설치했다.

장치 관리자에서 그래픽카드를 확인할 수 있다

- 현재 본인 컴퓨터의 그래픽카드는 장치 관리자를 열어보면 알 수 있다.
- 화면 좌측 하단 Windows 로고를 우클릭하면, 다음과 같이 옵션이 보인다. 이중에서 장치 관리자를 선택하자.

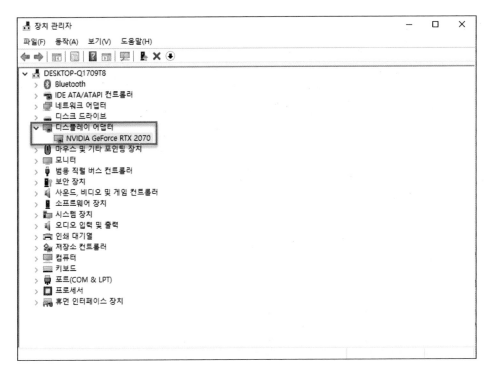

디스플레이 어댑터 부분이 그래픽카드다

- 이중에서 디스플레이 어댑터를 클릭하면 어떤 그래픽카드가 설치되어 있는지 나온다.
- 만약 그래픽카드 이름을 보고도 어떤 제조사인지 모르겠다면, 구글 검색으로 알아보자.

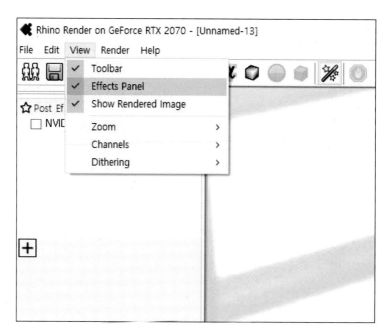

설치된 denoiser는 Effects Panel에서 설정할 수 있다

- Render 명령으로 렌더를 다시 하자. 이번에는 방금 설치한 denoiser를 사용해 볼 것이다.
- 렌더창 상단 View에서 Effects Panel을 선택하면, 좌측에 탭이 하나 보이게 된다.

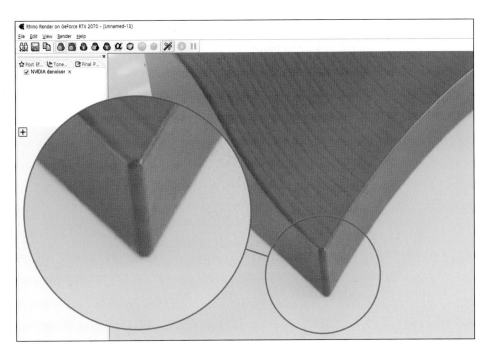

왼쪽 denoiser에 체크하면 순식간에 노이즈가 제거된다

- Draft quality라면 렌더가 끝났다고 하더라도 노이즈가 꽤나 많이 보인다.
- 이때 좌측에 있는 denoiser를 체크하면 노이즈가 순식간에 없어진다. denoiser는 노이즈를 없애는 기능이 있지만, 고해상도 작업을 할 때엔 재질 표현이 뭉개질 수 있으니 주의하자. Final quality일 때엔 사용하지 않는 것을 추천한다.

렌더링이 끝나면, 디스켓을 눌러서 이미지를 저장하자

- 렌더링이 종료되면, 좌측 상단에 디스켓이 활성화된다. 디스켓 아이콘을 클릭해 이미지를 저장할 수 있다.
- jpeg, png 등의 포맷으로 저장할 수 있다.

R H I N O

03

섭디 가구 모델링

섭디 가구 모델링

섭디(SubD)는 앞서 언급한 대로 유기적인 형태를 만들어내기에 적합한 모델링 방식이다. 예전에는 티스플라인이라는 플러그인을 사용해야만 가능했었지만, 이제 라이노 7부터는 별도의 플러그인 설치 없이 바로 섭디 모델링을 할 수 있다.

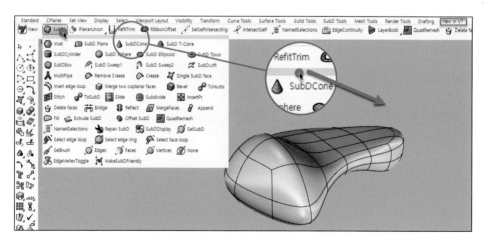

SubD 아이콘을 클릭하면 명령어들이 보인다

상단 툴바 중 New in V7에 위치한 SubD를 클릭하면 섭디 관련 명령어들을 한 번에 볼 수 있다. 섭디 명령어들은 별도로 단축키를 만들어 놓지 않았다. 필요할 때마다 전체 명령어를 타이핑하거나 아이콘을 클릭하는 방법으로 명령을 실행할 것이다.

섭디 모델링을 처음 하는 사람들은 아마 SubD 툴바가 필자와 다르게 보일 것이다. 기본적으로는 아이콘으로만 명령을 표시하는데, 필자는 아이콘과 텍스트를 함께 배치하는 설정을 사용한다. 함께 설정을 바꿔보도록 하자.

그림에서 표현한 것과 같이 SubD를 눌렀을 때 표현되는 툴바의 상단을 마우스 클릭 드래그로 꺼내보도록 하자. 만약 성공적으로 꺼내졌다면 툴바 우측 상단에 기어 모양과 x자 표시가 생길 것이다.

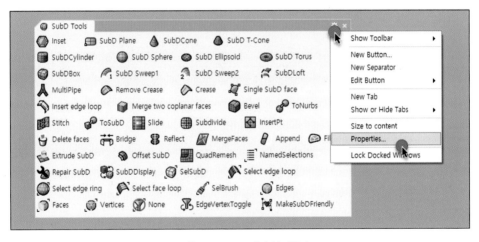

툴바는 Properties에서 설정한다

기어 모양을 클릭한 다음, Properties를 클릭하자.

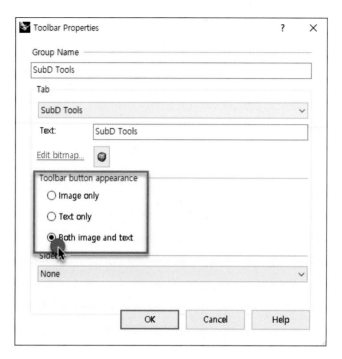

Both image and text를 선택한다

기본 설정은 Image only다. 이를 Both image and text로 바꾸고 OK를 누르면 설정이
끝난다. 이렇게 아이콘과 함께 텍스트까지 표현되면, 명령어 선택에 소비되는 시간이 줄
어든다.

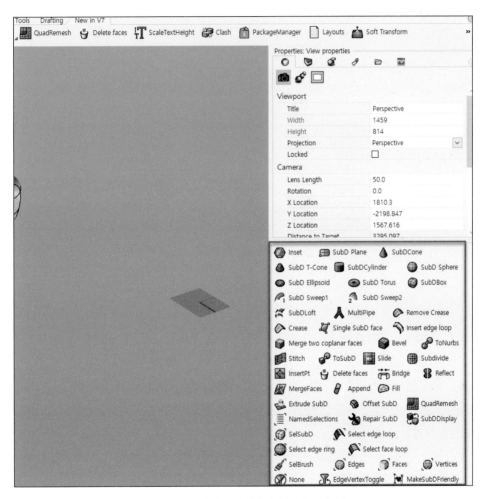

필자는 SubD 툴바를 이렇게 꺼내 놓지는 않는다

툴바 상단을 드래그해서 우측 탭에 넣어서 사용하는 사람들도 있다. 하지만 SubD 명령들은 사용빈도가 높지 않고, 대부분 명령행에 전체 명령어를 입력하는 방식으로 사용하기 때문에 필자는 이렇게 툴바를 꺼내놓고 사용하지 않는다. 설정이 끝났다면, SubD Tools 탭 우측 상단에 있는 x자를 눌러서 끄도록 하자.

 ## 섭디 모델링

명령어	기능
SubD Box	섭디 박스 제작
Tab(SubD Display Toggle)	스무스 모드, 플랫 모드 전환
Ctrl + Shift + Click/Drag	요소 선택(컨쉬클, 컨쉬드)
Insert Edge	엣지 추가

섭디 가구 모델링

SubD 모델링을 시작하는 방식은 여러 가지가 있다. 커브로 시작하는 방법, SubD 지오메트리로 시작하는 방법, Single SubD 면으로 시작하는 방법 등이다. 이번에 만들어볼 SubD 가구는 SubD 지오메트리 중 하나인 SubD Box를 시작으로 모델링 해 볼 것이다. 첨부파일 중 '03_섭디 가구 모델링.3dm' 파일을 열어보자. 파일을 열어보면 다음과 같은 화면을 확인할 수 있다.

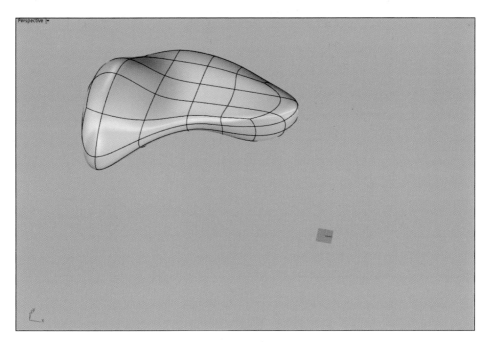

섭디 가구 모델링 첨부파일

이미 필자가 제작한 모델링인데, 이를 참고하여 모델링 해 가면 된다.

- SubDBox 명령 입력 후, 첫 번째 코너를 원점으로 입력한다. 0을 입력하고 스페이스 바를 누르면 된다.
- 대각선 코너는 정확한 포인트 좌표를 찍도록 하자. (2000, 600)을 입력하고 스페이스 바를 누른다.
- 마지막으로 높이는 400을 입력하고 스페이스 바를 누른다.

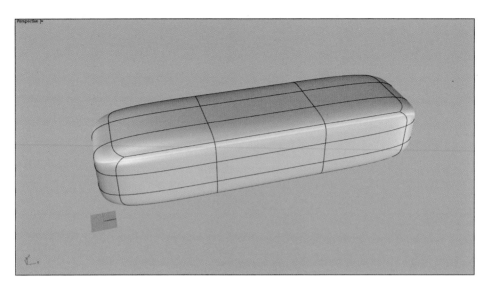

SubD 모델링은 기본적으로 둥글게 표현된다

- SubDBox 명령어 옵션 중 X Count, Y Count, Z Count가 모두 3으로 설정되어 있다. 혹시 다른 값으로 입력되어 있다면 분할 개수가 다를 수 있다. 만약 분할 개수가 (3, 3, 3)이 아니었다면 SubDBox를 다시 만들도록 하자.
- 분명 첫 번째 포인트를 원점(0)으로 설정했는데, 제작한 박스가 원점을 지나지 않는다. 오류라고 생각할 수 있지만, 현재는 둥글게 표현되는 스무스 모드라서 그런 것이다. Tab키를 눌러보자.

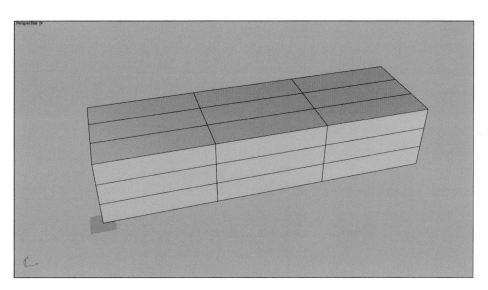

Tab키로 스무스 모드와 플랫 모드를 오갈 수 있다

- Tab키는 스무스(Smooth) 모드와 플랫(Flat) 모드를 토글(Toggle)하는 키다. 실제 명령어는 SubDDisplayToggle이다.
- 스무스 모드와 플랫 모드를 오가면서 모델링 작업을 하게 된다. 자주 사용하는 명령이기 때문에 Tab키로 단축키를 만들어 놓은 것이다.

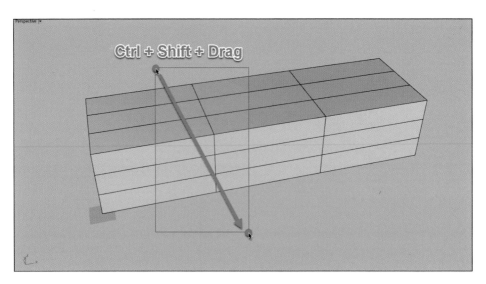

Ctrl + Shift + Click/Drag 사용에 익숙해져야 한다

- SubD tools 툴바에서 확인했듯이 SubD 모델링 명령어들은 종류가 많다. 하지만 가장 많이 사용하는 모델링 방식은 Ctrl + Shift + Click/Drag다. 버텍스(Vertex)와 엣지(Edge), 페이스(Face)를 적절히 선택하는 방식이다.

- SubD는 한 덩어리 찰흙을 매만지듯이 모델링해야 한다. 때문에 '개체 선택'이 아니라 '요소 선택' 개념으로 모델링을 접근해야 한다. 개별적인 요소를 선택할 때에는 Ctrl + Shift + Click으로, 여러 요소들을 선택할 때에는 Ctrl + Shift + Drag를 이용한다. 각각 앞으로는 컨쉬클, 컨쉬드라고 칭한다.

- 컨쉬드로 다음과 같은 영역을 지정하면, 총 12개의 엣지가 선택된다. (사실 Drag로 선택했기 때문에 버텍스도 함께 선택된다.)

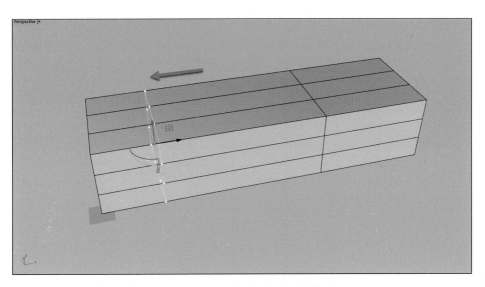

컨쉬클, 컨쉬드 이후에는 검볼을 이용한다

- 선택된 엣지들을 이동한다. 이동할 때에는 검볼 화살표를 이용하면 편하다.
- 이어서 Insert Edge 명령을 이용해서 엣지를 추가할 것이다.

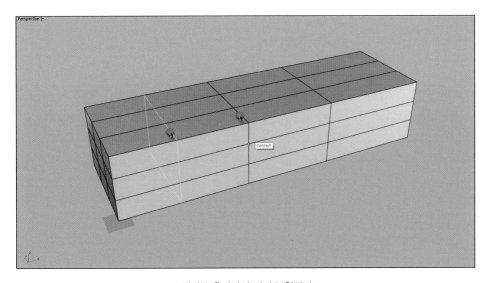

엣지를 추가하면 면이 분할된다

- Insert Edge 명령 입력 후 엣지를 선택할 때에, 이동했던 엣지를 선택한다. 그런 다음 오른쪽 부분을 클릭하면 엣지가 생긴다.

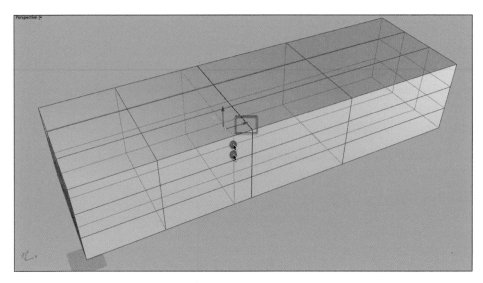

엣지 간격이 적절하지 않다면 조정하자

- 엣지 간격이 너무 좁다면 옆으로 이동시킬 수도 있다. 컨쉬드로 선택해서 이동해도 좋지만, 다른 방법이 있으니 소개한다.
- 엣지를 더블클릭하면 한 바퀴 빙 돌아 12개의 엣지가 한 번에 선택된다. 그렇게 선택한 엣지들을 검볼로 이동시키면 된다.

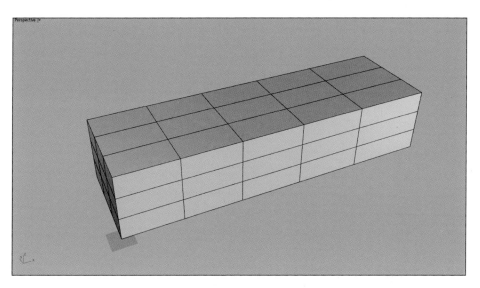

x방향으로 5분할 되도록 엣지를 추가했다

- x방향으로 5분할 되도록 엣지를 추가, 이동해 보자.
- 엣지 선택과 추가, 이동에 관한 부분을 학습해 보았다.

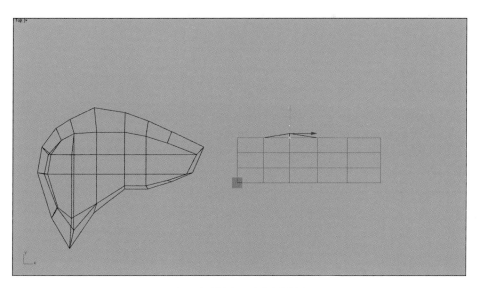

각 뷰에서 형태를 잡아가야 한다

- Top뷰로 가서, 첨부파일 모델링을 참고해 형태를 잡아가 보도록 하자. 컨쉬드로 포인트와 엣지를 선택해서 검볼 이동을 하면 된다.

 TIP 단면 뷰 SubD 모델링은 와이어프레임으로

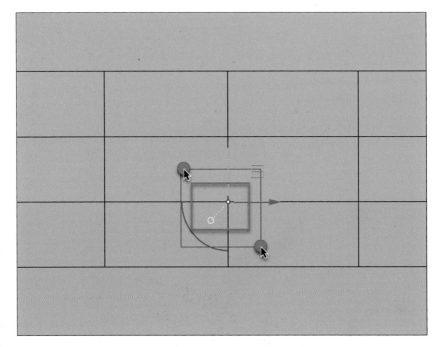

단면 뷰(Top, Front)에서 SubD 모델링 편집을 할 때에는 와이어프레임으로 작업해야 편하다. 혹시나 컨쉬드를 이용해 뒷면에 예상치 못한 변형이 생길 수도 있고, 특정한 부분 선택에 오류가 생길 수도 있다. 음영뷰에서는 페이스를 선택하기 쉽고, 와이어프레임에서는 버텍스와 엣지를 선택하기 쉽다.

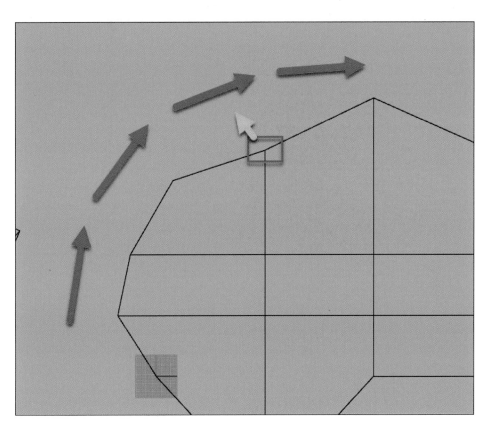

요철이 생기지 않도록 버텍스를 조정한다

- SubD 모델링 편집 중에는 언제든 Tab키를 이용해 결과물을 확인해 볼 수 있다. 플랫 모드에서 구부러지게 표현되는 곳이 스무스 모드(결과물)에서는 어떻게 보이는지 확인 하면서 작업하자.
- 보통 플랫 모드에서 그림과 같이 요철이 생긴 부분이 있다면, 스무스 모드에서 아름답 게 표현되지 않는다. 공들여서 컨쉬드로 형태를 잡아가자.

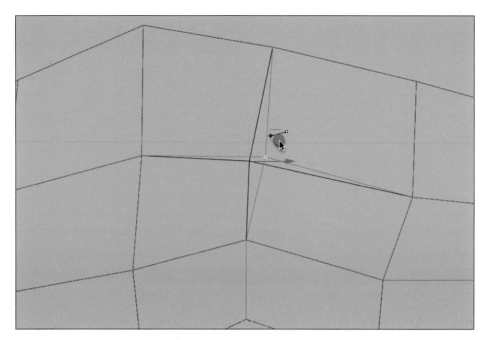

검볼 이동은 2차원으로도 가능하다

- Top 뷰에서 작업할 때 녹색 화살표는 y축, 빨간 화살표는 x축이다. 두 화살표 사이에 격자가 있는데 이는 XY평면을 뜻한다.
- 검볼의 격자를 잡고 이동하면 XY평면과 평행한 방향으로 이동한다. 만약 한쪽 방향으로 이동하고 싶은 것이 아니라 XY평면 방향으로 이동하고 싶다면 격자를 잡고 이동하면 된다.

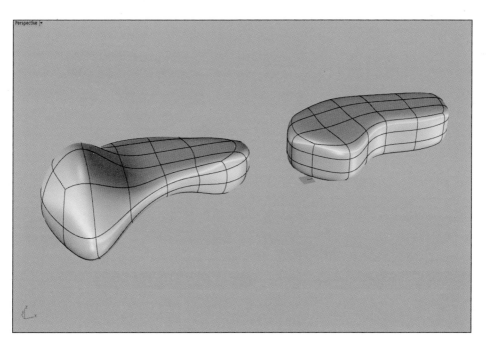

Perspective에서 확인한 작업물

- Top 뷰에서만 편집 작업을 했다. Perspective로 넘어와서 스무스 모드로 모델링을 확인하자.
- 보통 모델링의 경우엔 Front나 Left 등의 뷰로 넘어가서 한 번 더 형태를 잡는 작업을 하지만, 이번 모델링은 Perspective에서 마무리해 보도록 하자.

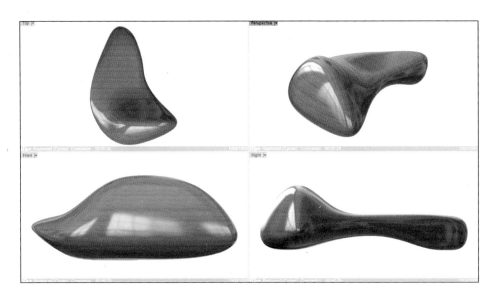

최종 결과물을 4View에서 확인한 모습

- 최종 결과물은 다음과 같다. 우측 하단 Right 뷰를 보면 아래쪽에 공간이 있는 것을 확인할 수 있다. 페이스를 몇 개 선택해서 편집(z방향으로 이동)하면 될 것이다.

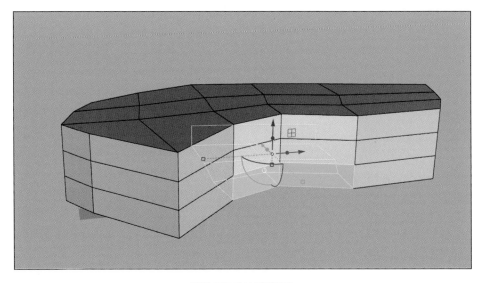

플랫 모드에서 작업하자

- 아직 SubD 모델링이 익숙하지 않다면, 플랫 모드에서 작업하는 것을 추천한다. 만약 SubD 모델링이 익숙해지더라도 기본적인 매스 형태 잡는 작업은 플랫 모드가 편하다.
- 페이스를 선택해서 편집(이동)해야 한다면 음영 뷰에서 작업해야 좋다.

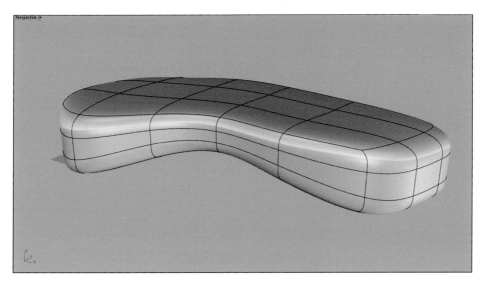

스무스 모드에서 모델링 형태를 파악하자

- 스무스 모드에서 제법 페이스 편집을 적극적으로 한 것 같지만, 실제 스무스 모드에서 보면 약간 곡률이 생겼을 뿐이다. 두 모드를 오가면서 자주 작업해야만 어느 정도 편집을 해야 결과물에 어떤 영향이 생기는지 쉽게 파악할 수 있다.

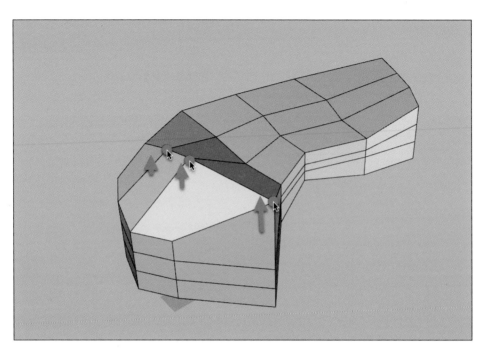

좌측 버텍스에 높이를 적용했다

- 좌측 버텍스를 선택해서 z방향으로 이동했다. 높이 솟아오른 부분을 표현하기 위해서
다.

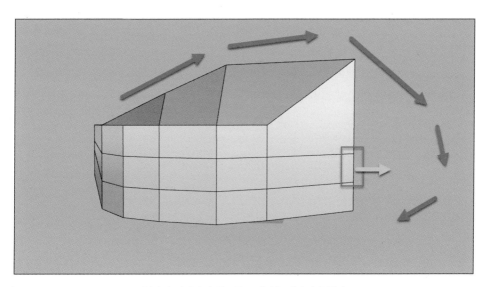

형태가 어색하지 않도록 모델링을 매만져야 한다

- 좌측에서 모델링을 보면, 흐름에 맞지 않게 세로선이 뻣뻣하게 표현되고 있다.
- 흐름에 맞게 엣지를 컨쉬클로 선택해서 이동했다.

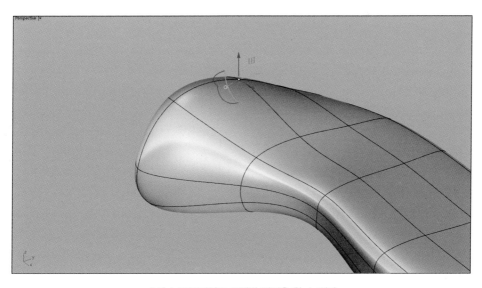

스무스 모드에서도 모델링 편집을 할 수 있다

- 전체적인 형상을 플랫 모드에서 잡은 것 같다면 이제는 스무스 모드에서 모델링을 좀 더 디테일하게 편집해야 한다.
- 스무스 모드에서도 버텍스와 엣지, 페이스가 선택된다. 필자는 돌출된 부분을 좀 더 극적으로 표현하기 위해 편집 중이다.

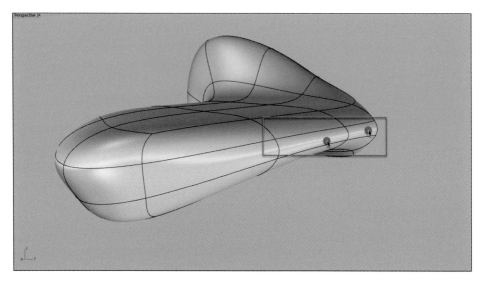

모델링 뒷부분이 밋밋해서 편집 중이다

- 뒷부분에는 볼륨감보다는 날카로운 부분으로 표현하기 위해서 모델링 편집을 했다. 이 또한 스무스 모드와 플랫 모드를 오가면서 형태를 잡아갔다.
- 보통 작업시간과 작업물의 퀄리티는 크게 비례하지 않는다. 하지만 섭디 모델링의 경우엔 오래 잡고 작업할수록 결과물의 퀄리티가 높다.
- 이제 모델링이 마무리 되었다면, 렌더링을 해 보도록 하자.

렌더링

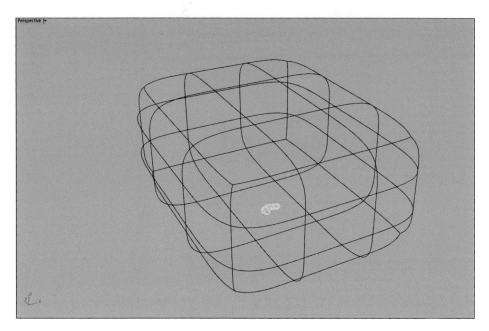

SubDBox를 충분히 크게 만든다

- Perspective에서 SubDBox를 충분히 큰 사이즈로 만든다. 촬영 스튜디오를 만들기 위해서다. 현재 선택된 개체가 그동안 함께 모델링 한 섭디 모델링이다.
- 이렇게 만든 SubDBox가 스튜디오의 바닥과 벽면이 된다.

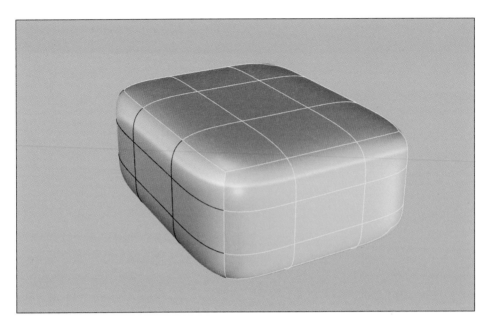

앞과 위 페이스들을 선택해서 삭제한다

- 음영 뷰에서 섭디 박스의 앞면(9개 페이스)과 윗면(9개 페이스)을 선택해서 삭제한다. 컨쉬클을 이용해 한 개씩 선택하도록 하자.

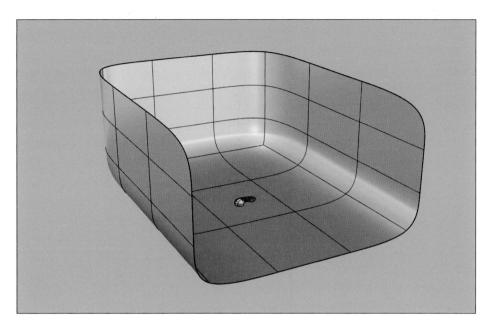

앞면과 윗면이 삭제된 섭디 박스

- 이제 개체와 스튜디오(섭디 박스)에 재질을 입력하면 꽤나 그럴듯한 렌더링 결과물을 기대할 수 있다.

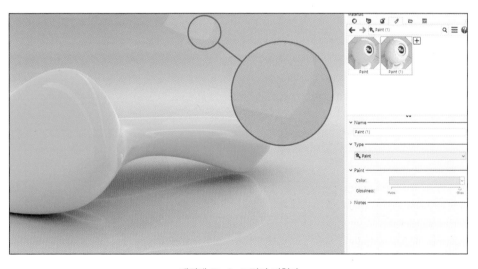

배경에 Studio 조명이 비친다

- 재질은 가볍게 페인트로 설정했다. 색상은 재질 하단에서 설정했다. 재질은 각각 개체와 스튜디오 박스에 적용했다.
- Raytraced로 확인해 보니 결과물 퀄리티가 꽤나 높다. 다만 반사되는 환경맵이 Studio(기본)이기 때문에 사각형 조명이 비춰 보이는 게 신경 쓰인다.

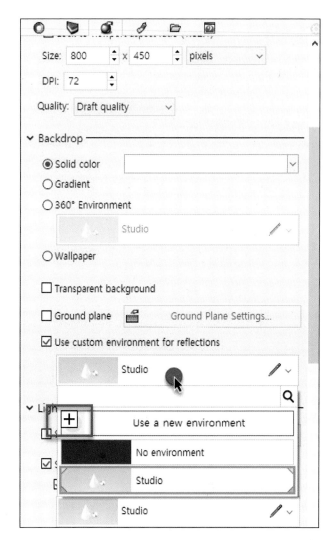

반사에 사용되는 환경맵을 변경하자

- Rendering 탭, Backdrop에서 반사에 사용되는 환경을 새롭게 설정하자. 필자는 BCN Airport로 설정했다.

이번에는 조명에서도 설정한다

- 이번에는 별도의 조명을 설치하지 않을 것이다. Lighting에서 Skylight를 방금 설정한 환경맵(BCN Airport)으로 설정할 수 있다. 반사에 사용할 환경으로 불러온 것이라면, 바로 하단에 표시되어 쉽게 설정할 수 있다.
- 렌더링 이미지 반사에 사용하는 환경을 동일하게 Skylight에도 설정해 준다면 아주 사실감 높은 렌더링 이미지를 뽑아낼 수 있다. 환경맵에서 조명에서 나오는 빛, 외부 창을 통해 유입되는 태양빛 등이 렌더링에 표현된다.
- 렌더링 밝기는 Skylight의 Intensity 조정으로 쉽게 설정할 수 있다.

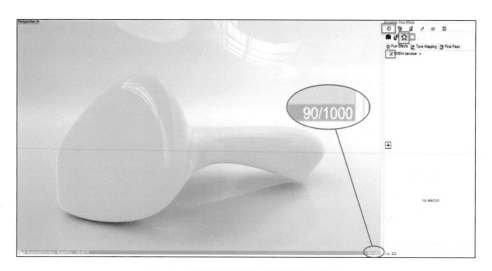

denoiser를 뷰포트에서도 사용해 볼 수 있다

- 현재 화면은 90/1000만큼 렌더링 된 상태다. 뷰포트 우측 하단에 숫자로 표현되어 있다. 즉, 10%도 채 렌더링 되지 않은 상태다.
- 이렇게 라이노 뷰포트에서도 denoiser를 이용해서 노이즈를 순식간에 없애 최종 결과물을 가늠해 볼 수 있다.
- 아무 개체를 선택하지 않은 상태에서, Properties 탭 세 번째에 위치한 Post Effects를 클릭하면 denoiser 항목이 보인다. 이때 좌측 체크박스를 체크하면 denoiser가 활성화된다.

TIP denoiser 사용은 적재적소에

Denoiser Off

Denoiser On

denoiser를 사용하면 노이즈가 없어진다. 다만 적당한 상황에서 잘 사용해야 한다. 특히 재질 표현이 중요한 퀄리티가 높은 렌더링 작업시에 denoiser를 켜면 오히려 재질 표현이 뭉개질 수 있다. 아주 작은 차이지만 알아두자.

R H I N O

04

넙스 파빌리온 모델링

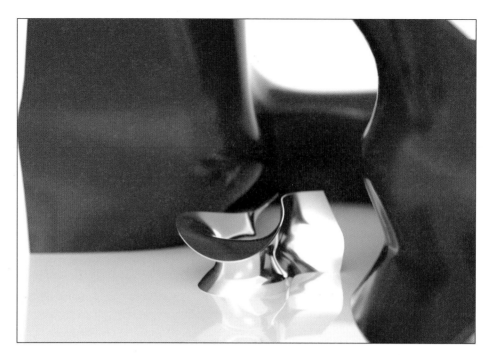

넙스 파빌리온 모델링

이번에는 섭디 모델링 방식처럼 넙스 모델링을 해 보려고 한다. 넙스 커브를 이용해서 넙스 서피스를 만들고, 넙스 커브를 구성하는 컨트롤 포인트를 편집(이동)하면서 형태를 잡아볼 것이다. 가장 일반적인 방식의 넙스 모델링 방식이라 볼 수 있다.

순서	작업내용	명령어	단축키
[1]	서피스 제작	Curve	**c**
		Copy	**co**
		Loft	**lo**
[2]	형태 다듬기	Lock	단축키 없음
		Points On	**F10**
		Unlock	단축키 없음
		Insert Control Point	단축키 없음
[3]	마무리	Offset Srf	**os**
		Fillet Edge	**fe**
		Boolean Difference	**bd**

넙스 파빌리온 모델링 명령어

Curve(c), Copy(co), Loft(lo) 명령을 이용해서 기본 서피스를 제작한다. 이때에 Record History 기능을 활용해서 작업 시간을 줄일 것이다. 이어서 형태를 다듬는 단계가 이어진다. 이때에 마치 섭디 모델링을 편집하듯이 컨트롤 포인트를 조정한다. 마지막 마무리 단계에서는 서피스에 두께를 적용하고 모서리 부분을 처리한다. 첨부파일 중 '04_넙스 파빌리온 모델링.3dm' 파일을 열어보자.

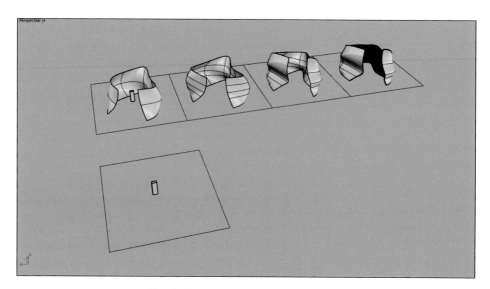

첨부파일을 열면 다음과 같은 모델링이 보인다

- 기본적인 형태를 맞추기 위해서 모델링 파일을 첨부했다. 원점 사각형 안에 그려진 길쭉한 박스는 높이가 1800mm인 박스다. 이 박스를 사람이라고 가정하고 대략적인 사이즈를 가늠하면 된다.
- 위의 네 개의 사각형 안에는 필자가 작업했던 모델링이 있으니 참고하면서 작업하자. 구불구불한 형태의 파빌리온이기 때문에 필자와 형태가 100% 일치하지 않아도 좋다.

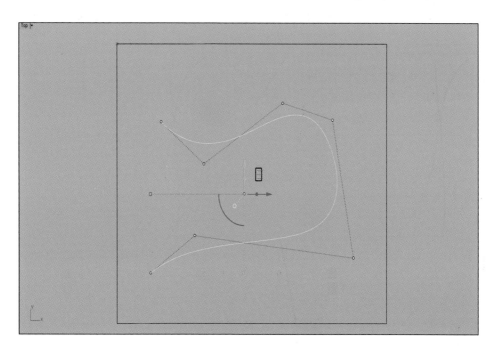

2D 작업은 Top 뷰에서 작업하자

- Top 뷰에서 Curve(c)를 이용해 기본 커브를 그린다. 커브를 제작할 때엔 7번 또는 8번 정도의 클릭으로 제작하자.
- 10회 이상 클릭으로 커브를 제작한다면, 컨트롤 포인트가 10개 이상 만들어지게 될 것이다. 컨트롤 포인트를 처음부터 많이 만든다면 유려하지 않은 꾸불꾸불한 곡선이 만들어질 수 있다. 처음에는 적은 컨트롤 포인트로 커브를 만들어야 작업이 편하다.

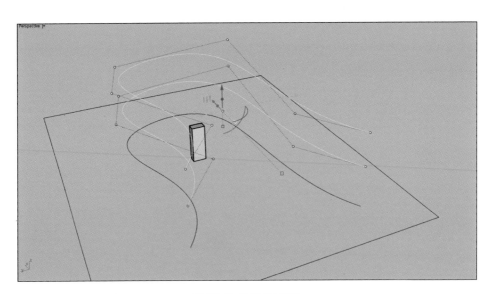

커브를 두 개 더 복사한다

- 2D 커브 제작이 끝났으면, 다시 Perspective 뷰로 넘어온다.
- Copy(co) 명령으로 커브를 두 개 위(z방향)로 복사한다. 이때엔 Copy(co) 명령의 수직 (Vertical) 옵션을 이용하자. 정확한 높이는 지정하지 않을 것이다. 적당한 높이로 복사 하자.

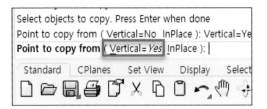

```
Select objects to copy. Press Enter when done
Point to copy from ( Vertical=No  InPlace ): Vertical=Ye
Point to copy from ( Vertical=Yes  InPlace ): |

Standard   CPlanes   Set View   Display   Select
```

라이노 명령을 실행하면 항상 명령행(Command Line)을 잘 살펴보아야 한다. Copy(co) 명령의 경우엔 Vertical 옵션이 있다. 한글로는 '수직'이다. 현재 구성평면과 수직인 방향으로 복사할 때에 사용한다. 현재 밑줄이 그어진 v키를 눌러도 좋고, Vertical 글씨를 마우스 커서로 클릭해도 된다.

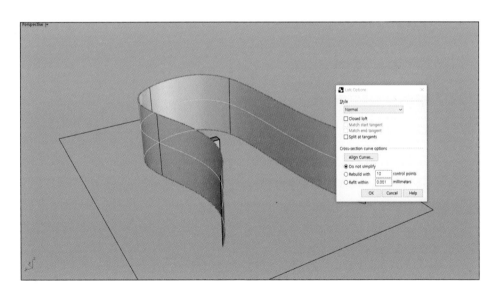

세 커브를 Loft(lo)하면 서피스가 만들어진다

- Loft(lo) 명령으로 세 커브를 로프트한다. 이렇게 열린 커브(Open Crv)를 Loft(lo)하면 보통 별도의 커브 정렬이 필요하지 않다. Style은 Normal인 상태로 OK 버튼을 누르자.

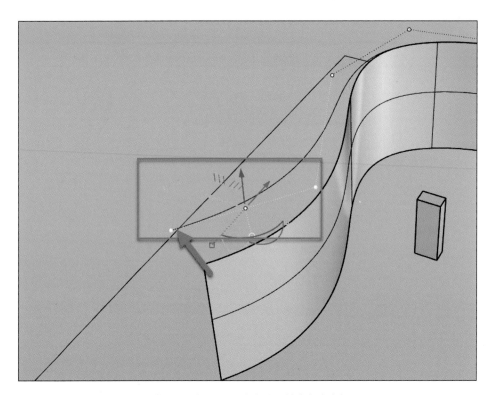

컨트롤 포인트를 조정하면 커브 형태가 바뀐다

- 가장 위에 있는 커브를 선택하면 컨트롤 포인트가 표현된다. 원래 컨트롤 포인트를 보이게 하기 위해서는 커브를 선택하고 PointsOn(F10) 명령을 입력해야 한다. 하지만 라이노 6버전 이후로는 단일 커브를 선택할 때에 자동으로 컨트롤 포인트가 보인다.

- 컨트롤 포인트 중 가장 끝에 위치한 두 개의 컨트롤 포인트 위치를 조금 이동해보자. 최종 형태를 보기 위해서는 다시 Loft(lo) 명령으로 서피스를 만들어야 한다. 만약 다른 커브도 형태를 편집한다면 다시 Loft(lo) 명령을 사용해서 서피스를 만들어야 할 것이다.

- 우선 방금 만들었던 서피스는 선택해서 삭제하도록 하자. Record History 기능을 활용할 차례다.

TIP Selection Menu 팝업이 뜬다면?

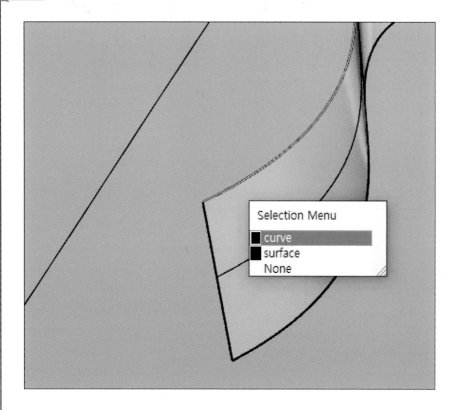

선택 메뉴(Selection Menu) 팝업은 겹쳐진 개체를 선택할 때에 뜨는 창이다. 정확히 어떤 개체를 선택하려고 한 건지 라이노가 유저에게 묻는 창이다. 위와 같은 상황에서 만약 curve를 선택하려고 했던 것이라면 그냥 스페이스 바를 누르면 선택된다. surface를 선택하려고 했었다면 아래 화살표 키를 한번 누른 후 스페이스 바를 누르면 된다.

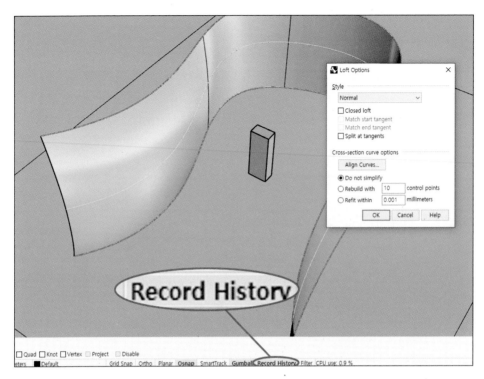

Record History는 활성화되어 있을 때 굵은 글씨로 표시된다

- 삭제된 서피스를 다시 Loft(lo) 명령으로 만들어보려고 한다. 다만, 이번에는 하단 옵션 중 Record History를 켜고 만들 것이다. 한글로는 '히스토리 기록'이다. 해당 설정을 켜고 입력하는 명령은 '기억'된다.
- Record History를 켠 후에 곧바로 Loft(lo) 명령으로 서피스를 만들자. 방법은 아까와 동일하다. Style도 Normal인 상태로 OK 버튼을 누르자.

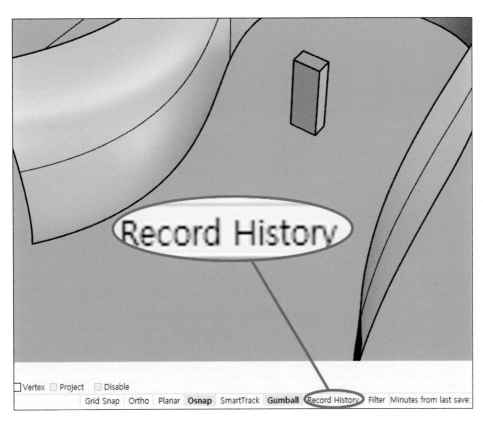

명령 실행이 종료되면 자동으로 Record History는 꺼진다

- 서피스가 만들어졌다. 다만 이번에는 아까와 다른 점이 있다. 세 개의 커브가 Loft(lo) 되는 과정이 History로 기록되었다는 점이다. 여기서 주목할 점은 개체가 아니라 명령 이다. Loft(lo)라는 '명령'이 기억되었다는 점이 중요하다.
- 아까는 개체 구성이 '세 개의 커브와 한 개의 서피스'였다면, 지금은 '세 개의 커브와 Loft(lo)로 만들어진 결과물'이다. 즉, 지금 현재 만들어진 서피스는 '개체'라기보다는 Loft(lo) 명령의 흔적이다.
- 말로 설명하면 어렵지만 한 번 사용해보면 이해가 빠르다. 아까와 동일한 방법으로 커 브의 컨트롤 포인트를 이동시켜 보도록 하자.

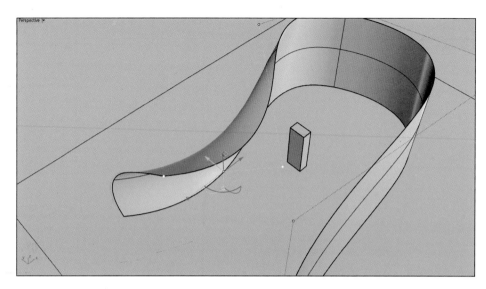

Loft(lo) 명령의 기록인 서피스가 자동으로 업데이트된다

- 커브의 컨트롤 포인트를 이동했을 뿐인데 서피스 형태가 따라온다. 그래스호퍼를 사용해 본 사람이라면 갑자기 그래스호퍼가 떠오를 수 있다. 참고로 그래스호퍼의 전신이었던 플러그인이 있었는데 그 프로그램의 이름이 'Explicit History'였다.
- 단 이때에 주의해야 할 점이 있다. 서피스는 결과적으로 만들어진 개체이기 때문에, 이동을 하거나 형태 편집을 하면 안 된다.
- 세 개의 커브로 서피스를 만들었기 때문에, 세 개의 커브는 부모 개체(Parent), 서피스는 자식 개체(Child)다.

형태 다듬기

••• TIP　History가 깨졌다면?

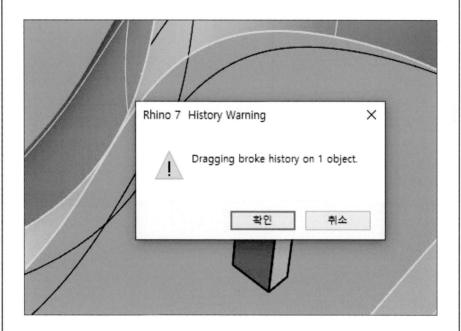

히스토리 개체(결과 개체)를 움직이면 히스토리가 깨졌다는 경고창이 뜬다. 이때엔 확인 버튼을 누르고 실행취소(Ctrl+Z)를 하면 다시 히스토리가 개체로 묶인다.

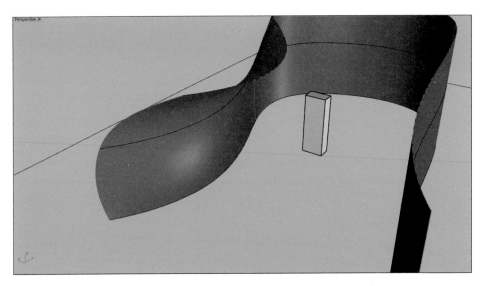

자식 개체는 보통 Lock으로 잠그고 작업한다

- 정리하자면 다음과 같다. Record History를 이용하면 자연스럽게 부모 개체와 자식 개체로 나뉜다. 이 중에서 자식 개체는 편집했을 때에 History가 깨지게 되니 주의해야 한다.
- 그렇기 때문에 자식 개체(여기선 서피스)를 보통 Lock 명령으로 잠근 다음에 작업하는 경우가 많다. 특정 개체를 Lock하면 뷰포트에서는 보이지만 선택되지 않는 상태로 변하기 때문이다. History 입장에서 보자면 보호되는 셈이다.
- 서피스를 선택하고 Lock 명령으로 잠그자. 그런 다음에 커브의 컨트롤 포인트 편집으로 형태를 잡아가자.
- 커브를 선택 해제하면 자동으로 컨트롤 포인트가 숨겨진다. 이때엔 커브를 선택하고 F10키(PointsOn)를 누르면 된다.

Rhino

126   라이노 7.0 시크릿노트

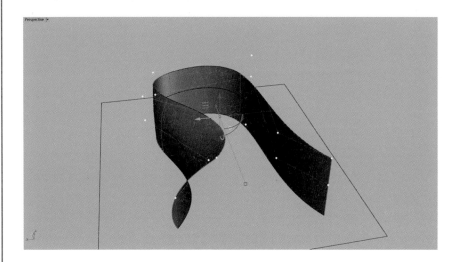

라이노 6 버전부터는 커브 한 개를 선택했을 때에 바로 해당 커브의 컨트롤 포인트가 보이도록 업데이트되었다. 다만 두 개 이상의 커브를 선택했을 때엔 F10키(PointsOn)를 눌러야만 컨트롤 포인트가 보이게 된다.

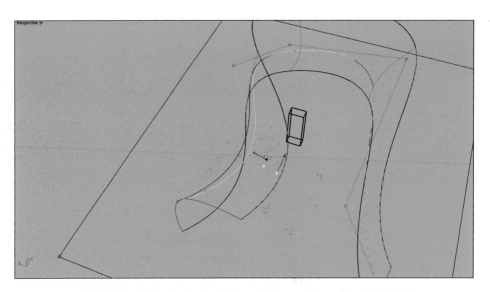

서피스에 의해 가려진 부분의 컨트롤 포인트는 와이어프레임(wf)에서 보면 된다

- 컨트롤 포인트 조정으로 형태를 잡아갈 때엔 두 가지 뷰를 오가며 작업하면 좋다. 와
  이어프레임뷰(wf)와 음영뷰(sf)를 오가면서 모델링하자.
- 음영뷰(sf)에서는 서피스 음영(면 부분)에 의해 가려지는 부분의 컨트롤 포인트가 보이
  지 않기 때문에 편집이 어렵다. 와이어프레임뷰(wf)에서 컨트롤 포인트 편집을 하다가
  형상을 확인하고 싶을 때에 음영뷰(sf)로 설정하면 된다.

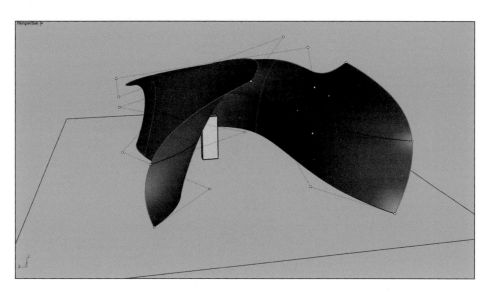

컨트롤 포인트를 z축 방향으로도 이동해서 굴곡을 표현했다

- 형태를 어느 정도 잡았다. 다만 아쉬운 점이 있다면, 컨트롤 포인트 수가 제한적이라 제대로 된 굴곡 표현이 어렵다는 것이다. 개체에 엣지를 추가해야만 굴곡 표현에 자유로울 수 있다.

- 그 전에 잠겨있던 서피스 개체를 Unlock으로 잠금 해제를 하고, 옆으로 Copy(co)하도록 하자.

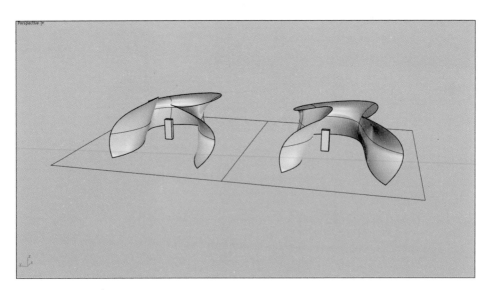

커브 세 개를 제외하고 복사했다

- Unlock을 하면 잠겼던 서피스 개체가 풀린다. Unlock 명령은 작업 중에 잠긴 모든 개체를 잠금 해제하는 명령이다.
- 우측으로 Copy(co)한 모습이다. 다만 이때엔 커브 세 개는 복사하지 않았다. 작업 내역을 남겨두기 위해서 옆으로 복사한 것이다. 만약 모델링 작업 중에 다시 예전으로 돌아가고 싶다면, 좌측 원본 모델링을 다시 Copy(co)하면 된다.

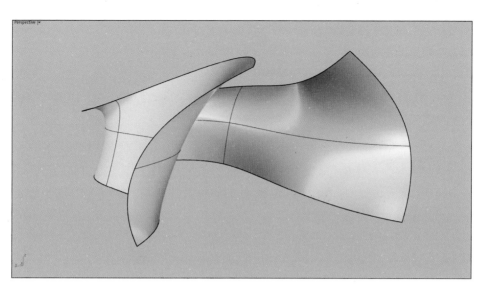

작업할 개체만 보이도록 설정했다

• 복사한 개체 중 서피스만 선택하고 hh 명령을 입력했다. 작업할 개체만 보이게 하기 위해서다.

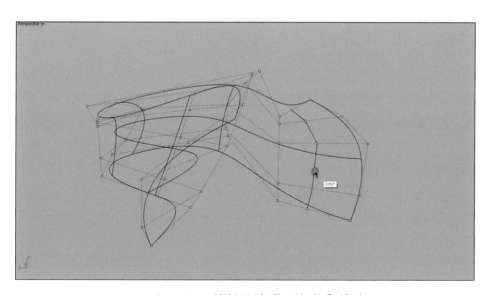

Insert Control Point 명령으로 컨트롤 포인트를 추가한다

- 섭디 모델링에서 InsertEdge 명령으로 엣지를 추가했듯이, 이번 모델링에서도 엣지를 추가해 보도록 하자.
- 1차원 커브에 0차원인 컨트롤 포인트를 추가하는 명령은 InsertControlPoint다. 컨트롤 포인트를 삽입하는 명령이다. 같은 맥락으로, 2차원 서피스에 1차원 커브를 추가하는 명령 또한 InsertControlPoint다.
- InsertControlPoint 명령을 입력하고 서피스를 선택하자. 갑자기 와이어프레임뷰로 바뀌더니 마우스 커서 위치에 엣지가 표현되는 걸 볼 수 있다. 세로선과 가로선을 몇 개 추가하도록 하자. 명령 옵션 중 Toggle를 클릭하거나 t를 입력하면 세로선과 가로선 설정이 바뀐다.

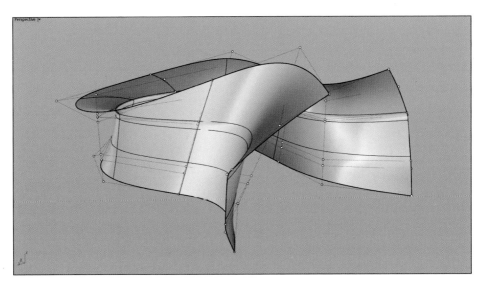

서피스를 선택하고 F10을 누르면 서피스 컨트롤 포인트가 보인다

- 컨트롤 포인트는 커브에만 있는 개념이 아니다. 서피스를 선택하고 F10키(PointsOn)를 누르면 서피스 컨트롤 포인트가 보인다. 컨트롤 포인트 사이에 연결된 점선들을 그대로 연결하면, 섭디 모델링에서의 플랫 모드 모델링이다.
- 컨트롤 포인트를 편집하면서 형태를 좀 더 구체적으로 잡아보자.

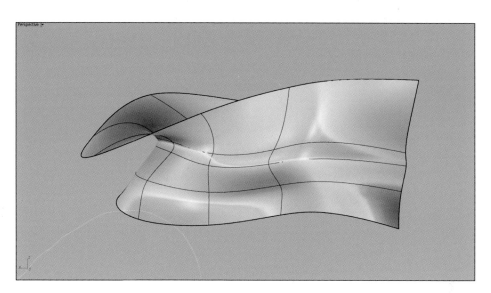

서피스가 겹치지만 않도록 굴곡을 만들어 보자

• 최대한 다양하게 굴곡을 표현해 보자. 다만 컨트롤 포인트 위치 이동을 너무 과하게 하면 서피스가 겹치기도 하니 주의하자. 만약 서피스가 겹치게 만들어진다면 추후 이어지는 모델링 작업에 오류가 생길 수 있다.

모델링 마무리

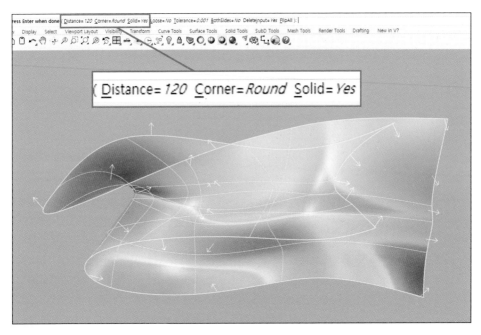

OffsetSrf(os)로 서피스에 두께를 적용할 수 있다

- OffsetSrf(os) 명령은 서피스를 Offset하는 명령이다. 평면일 경우엔 단순 돌출하는 명령인 ExtrudeSrf를 사용하면 된다. 곡면을 동일한 두께로 Offset하기 위해서는 OffsetSrf(os)를 사용해야 한다.
- OffsetSrf(os) 옵션 중 Solid를 Yes로 설정하면, Offset되는 거리만큼 두께가 적용된다.
- 한쪽 방향으로 Distance를 120으로 OffsetSrf(os)하도록 하자.
- 두께가 적용되는 방향은 뷰포트에 흰색 화살표로 표현된다. 만약 방향을 반대로 바꾸고 싶다면 서피스를 클릭하면 된다.

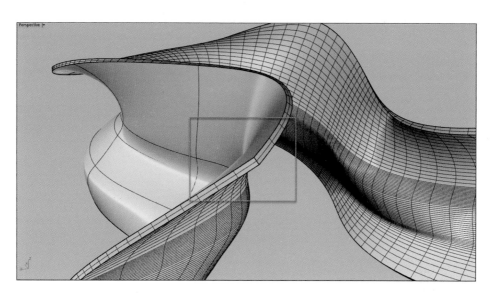

서피스 모서리 부분을 보면 두께가 적용된 모습을 확인할 수 있다

- OffsetSrf(os) 명령은 서피스 각 부분마다의 법선(수직) 방향으로 두께가 적용된다. 즉, 현재 만들어진 개체의 두께가 120이다.
- 자연스러운 렌더링을 위해서 모서리마다 FilletEdge(fe)를 할 것이다. 반지름은 30으로 설정하고, 모든 모서리를 드래그로 선택하자.

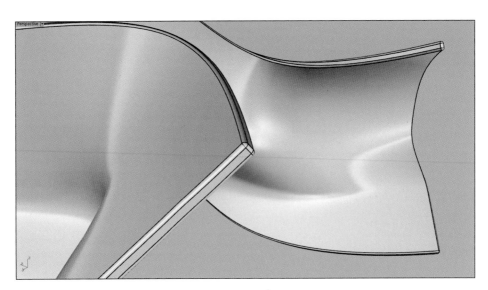

Properties 탭에서 개체 아이소커브를 안 보이도록 처리했다

- 개체 두께가 120이니, 30 정도의 반지름을 FilletEdge(fe)하는 것은 문제가 되지 않는
  다. 결과물을 확인하기 위해서 개체를 선택하고 아이소커브를 안 보이도록 처리했다.
  Properties 탭에서 Show surface isocurve 체크를 끄면 된다.

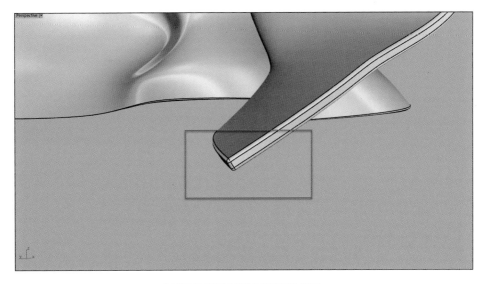

파빌리온 바닥 부분을 정리해야 한다

- 서피스는 xy평면 바닥에 잘 붙어있었지만, 서피스에 두께를 적용하는 과정에서 오류가 생겼다. 각 법선 방향으로 두께가 적용되다 보니, 바닥 부분은 기울어지게 만들어진다는 점이 문제다.
- 바닥을 깔끔하게 정리하기 위해서 Box를 만들어서 차집합해야 한다.

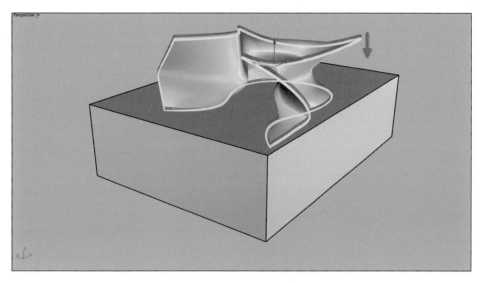

xy평면에 접하는 박스를 크게 만들었다

- Box 명령으로 xy평면에 접하는 박스를 크게 만들었다. 정확히 표현하자면 xy평면에 잠기는 박스다.
- 솔리드 차집합 명령인 BooleanDifference(bd)를 사용할 것이다.
- 만들어진 박스에 살짝 파빌리온이 잠기도록 z방향, 아래쪽으로 이동한다.
- BooleanDifference(bd) 명령을 입력하고, 파빌리온 엔터, 박스 엔터.

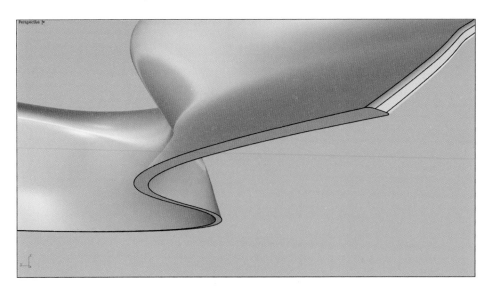

바닥 부분이 날카롭게 잘려나갔다

- 바닥 부분이 정리됐다. 이제 바닥면에 파빌리온이 설 수 있게 되었다.
- 마지막으로 바닥 부분 엣지도 FilletEdge(fe) 반지름 12로 처리하도록 하자. 끝부분이 너무 날카롭게 마감되었다면 렌더링을 했을 때 어색해 보일 수 있기 때문이다.

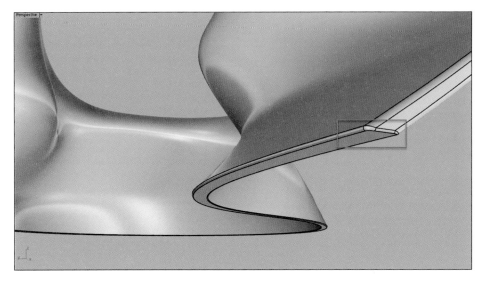

바닥 부분까지 처리가 완료되었다

- 이제 모든 모델링이 끝났다. 렌더링 작업을 시작해 보자.

렌더링

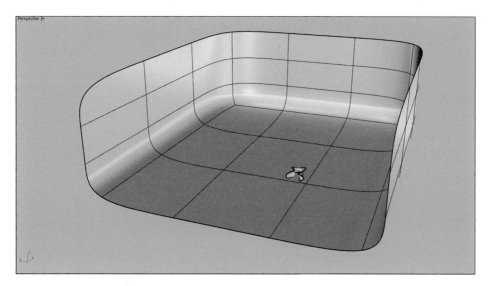

렌더링 환경 설정

- 렌더링 환경 설정은 앞서 진행했던 내용과 동일하므로 간단히 짚고만 넘어간다.

  1. SubDBox로 스튜디오 모델링을 했다.
  2. 반사에 사용되는 환경맵, Skylight 환경맵을 지정했다.
  3. 렌더링 해상도는 Viewport로, Quality는 Final로 설정했다.
  4. 스튜디오에는 Paint 재질을, 개체에는 Wood 재질을 적용했다.

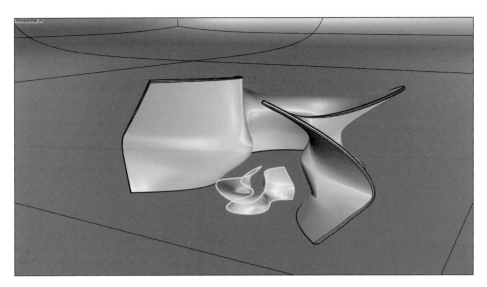

재미를 위해서 안에도 파빌리온을 만들었다

- 파빌리온을 하나 복사해서 Scale 명령으로 작게 조정한 다음, 안쪽에 배치했다. 조그
  만 파빌리온은 Metal 재질을 적용했다.

모든 모델링이 깔끔하게 표현된다

- 지금까지 렌더링은 별도의 초점 설정이 없었다. 렌더링에 표현되는 모든 모델링이 깔끔하게 표현됐었다. 이번에는 Focal Blur 설정을 이용해서 초점을 수정해 보도록 하겠다.

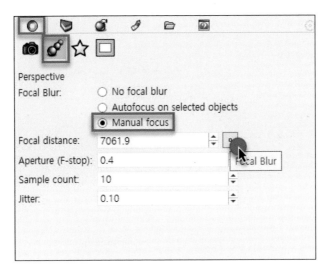

Properties 탭에서 Focal Blur를 설정할 수 있다

- Properties 탭 두 번째에 위치해 있는 Focal Blur를 선택한다. 기본적으로는 No focal blur가 선택되어 있을 것이다.
- Manual focus를 선택한 다음 우측에 있는 버튼을 클릭한다.

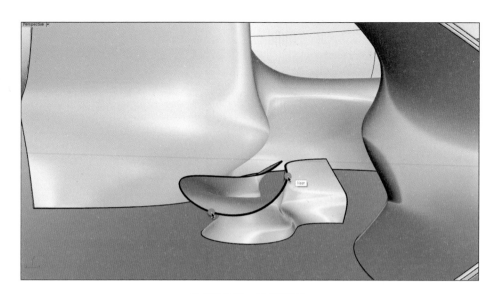

오스냅 중 Near를 이용하자

- 뷰포트 마우스 커서가 포인트 위치를 찍을 수 있게 바뀐다.
- Near 오스냅을 이용할 것이다. 하단 오스냅 옵션 중 Near에 체크하도록 하자.
- 어떤 부분에 초점을 맞출 것인지 포인트를 찍으라는 것이다. 여러 군데에 포인트를 찍을 수 있다. 초점을 맞출 곳을 클릭하면 된다. 카메라로부터 가장 먼 곳, 카메라로부터 가장 가까운 곳을 지정한다.

Focal Blur가 적용된 렌더링

- 일부분만 초점이 맞춰졌다. 이렇게 Focal Blur를 이용해 느낌있는 렌더링 이미지를 만들어낼 수 있다.

R H I N O

05

섭디 파빌리온 모델링

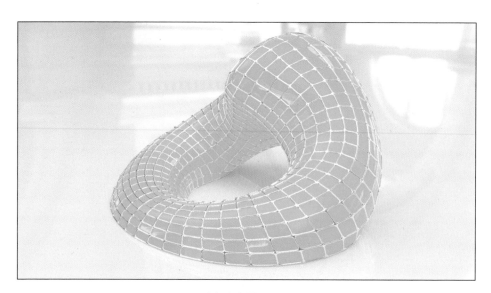

섭디 파빌리온 모델링

섭디 모델링으로 파빌리온을 만들어 볼 것이다. 다만 앞서 만들었던 섭디 모델링과 차이가 있다. 모델링 작업 중 메쉬(Mesh)가 사용된다는 점이다. 라이노 7에 새롭게 추가된 메쉬 명령인 QuadRemesh를 사용할 것이다.

순서	작업내용	명령어	단축키
[1]	기본형태 제작	SubD Torus	단축키 없음
		Plane	단축키 없음
		To Nurbs	단축키 없음
		Trim	**tr**
[2]	메쉬 최적화	Mesh	단축키 없음
		Quad Remesh	단축키 없음
		Extract Wireframe	**ew**
[3]	마무리	Multi Pipe	**mp**
		Rebuild	단축키 없음

섭디 파빌리온 모델링 명령어

이번에는 기본 섭디 지오메트리로 시작하는 모델링이다. SubDTorus는 도넛 형태의 섭디 개체를 만드는 명령이다. 섭디에서 넙스로, 넙스에서 메쉬로 변환되는 모델링 과정을 배우게 될 것이다. 형태를 모두 잡은 후에는 MultiPipe(mp) 명령으로 프레임을 제작하면서 마무리된다. 첨부파일 중 '05_섭디 파빌리온 모델링.3dm'을 열어보자.

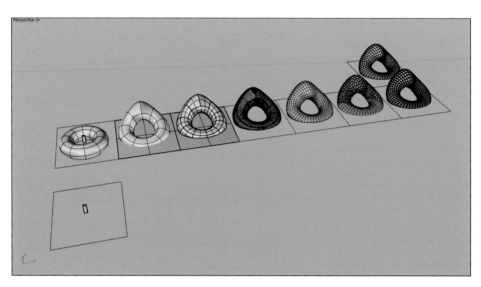

첨부파일 모델링 상황

* 첨부파일을 열어보면 다음과 같은 모델링이 보인다. 넙스 파빌리온 모델링 때와 마찬
  가지로 아래에 있는 사각형에서 작업을 시작하면 된다. 박스는 사람 스케일이니 참고
  하자.

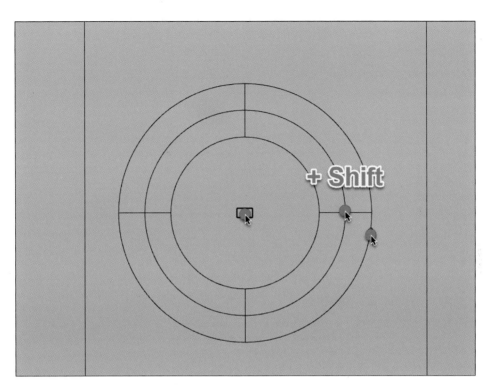

토러스는 Top에서 제작하자

- SubDTorus로 도넛 형태의 섭디 모델링을 만들어야 한다. Top뷰(tt)에서 작업하자. Perspective에서 작업을 하면 자칫 생각하던 사이즈와 다른 사이즈로 모델링이 될 수 있다.
- 세 번의 클릭으로 토러스를 만든다. 첫 번째 클릭으로 도넛 중앙을, 두 번째와 세 번째 클릭으로 도넛 반지름을 지정한다. 단, 두 번째 클릭을 할 때에 Shift키를 누른 채로 클릭하자. 그래야 x, y축에 맞는 모델링이 만들어진다. 축에 맞는 모델링이어야 추후 섭디 모델링 작업에 어려움이 없다.

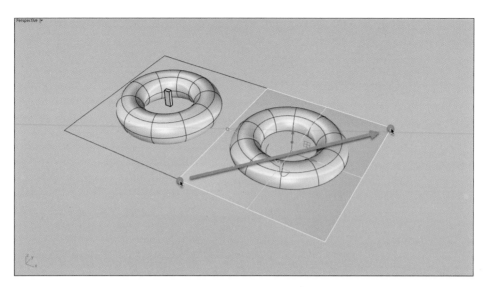

평면을 만들어야 바닥과 파빌리온 관계를 확인하기 쉽다

- 방금 만든 토러스와 바닥 사각형을 옆으로 하나 복사한다. 작업 내역을 기억하기 위해
  서다.
- Plane 명령으로 넙스 서피스를 만든다. End 오스냅을 이용해서 사각형 사이즈와 동일
  하게 만들자. Plane으로 만든 평면은 나중에 Trim(tr)의 기준이 된다. 파빌리온이 바닥
  에 얼마나 잠기는지 확인하는 용도로도 사용된다.

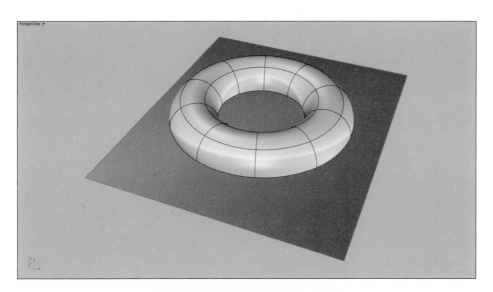

작업할 내용만 남기고 나머지 개체는 숨겼다

- 복사한 토러스와 평면을 제외하고는 모두 숨긴다. 두 개체를 선택하고 hh 명령으로 숨길 수 있다.
- 이제 섭디 모델링을 해야 하는데, 의도치 않게 평면이 선택될 수 있다. 평면을 선택하고 Lock으로 잠그도록 하자. 편하게 섭디 모델링을 하기 위해서다.

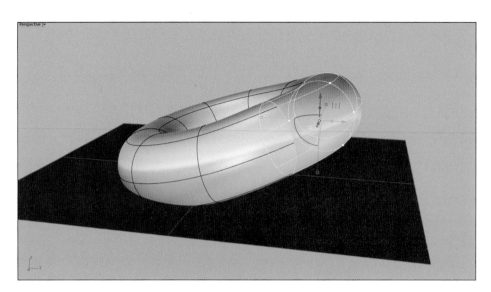

바닥에 얼마나 잠기는지 확인하면서 작업하자

- 이제 선택할 수 있는 것이라곤 섭디 모델링뿐이다. 편하게 컨쉬클, 컨쉬드로 작업할 수
  있다.
- 이번 파빌리온은 한쪽 방향으로 기울어진 채 만들 것이다. 개체 선택 후 검볼로 회전
  하면 쉽게 모델링을 회전시킬 수 있다.
- Tab(SubDDisplayToggle)키를 눌러가면서 모델링을 확인하면서 작업하자.

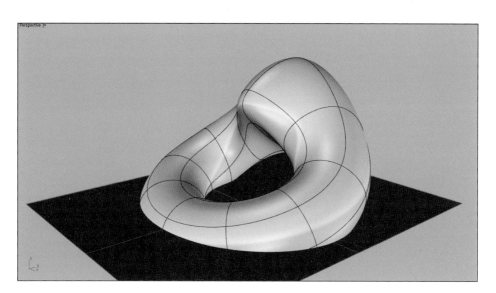

완성된 섭디 모델링

- 섭디 모델링이 완성되었다면, 이제 모델링을 넙스로 바꾸도록 하자. 명령은 ToNurbs다. 섭디 모델링을 선택하고 명령을 입력하면 된다. ToNurbs 명령 옵션 중 DeleteInputObjects를 Yes로 하면, 섭디 모델링이 삭제되면서 넙스 모델링이 만들어진다.

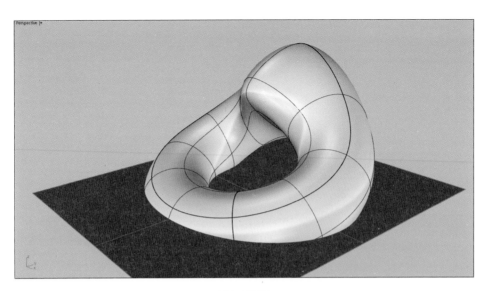

넙스 모델링

- 넙스 모델링은 섭디 모델링과 다른 점이 있다. 모델링을 표현하는 엣지 중 굵게 표현되는 심(Seam)이 있다는 것이다. 변환이 제대로 되었는지 확인하기 위해서는 개체를 선택하고 Properties 탭을 봐야 하겠지만, 1차적으로 심의 유무로 파악할 수도 있다.

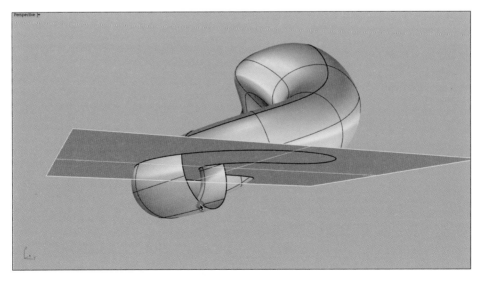

평면을 기준으로 넙스 모델링을 Trim(tr)한다

- Unlock 명령으로 평면을 잠금 해제하자. 평면은 파빌리온이 얼마나 잠기는지 확인하는 용도로 사용하지만, Trim(tr)의 기준으로 사용되기도 한다.
- Trim(tr) 명령으로 넙스 모델링의 아랫부분을 정리하자.

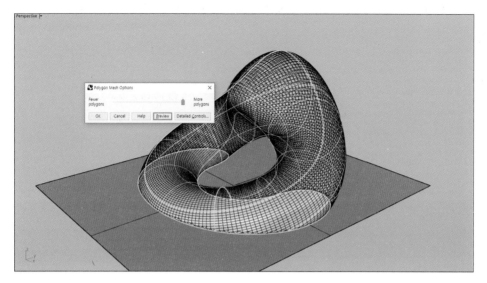

Preview 버튼을 누르면 메쉬를 미리보기할 수 있다

- 이제 넙스 모델링이 평면 윗부분만 남았다. 넙스 모델링을 선택해서 메쉬 모델링으로 변환할 것이다. 개체를 선택하고 Mesh 명령을 입력하자. 메쉬 옵션창이 뜬다.
- Preview 버튼을 누르면 결과로 만들어지는 메쉬가 미리보기된다. 가장 많은 메쉬면으로 만들어도 메쉬가 복잡해 보이진 않는다. 최대한 우측 다이얼로 옮기고 Preview를 눌러보자.
- 만족스럽다면 OK 버튼을 눌러서 명령을 마무리하자.

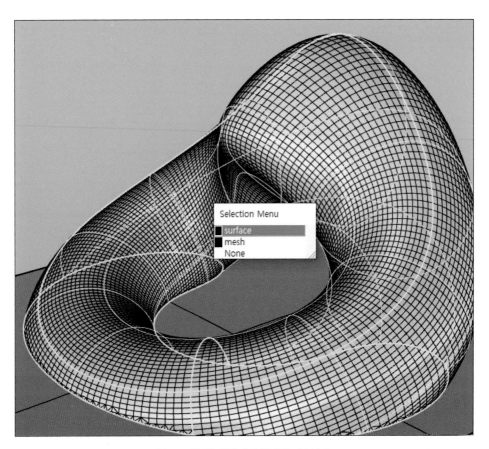

넙스 모델링은 선택해서 삭제하도록 하자

- Mesh로 메쉬가 만들어졌다. 넙스 모델링은 현재 겹쳐져 있는 상태다. 넙스 모델링을 선택해서 삭제하도록 하자.
- 메쉬와 넙스가 겹쳐진 와중에 넙스를 선택하는 팁을 알려주겠다. 심이나 아이소커브를 선택하면 Selection Menu에서 넙스가 가장 먼저 선택된다.

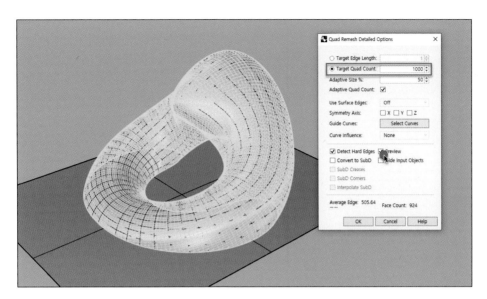

목표 메쉬 수는 1000으로 설정한다

- **QuadRemesh** 명령으로 메쉬를 정리된 사각 메쉬로 만들 수 있다. Target Quad Count 는 1000으로 설정하고, 아래에 있는 Preview에 체크해 보자. 결과로 만들어지는 메쉬 가 미리보기된다.

- 여기서 Target으로 정한 1000이 정확히 메쉬 면 수가 될 수는 없다. 최대한 그와 비슷 하게 만들어주겠다는 것이다. OK를 눌러서 작업을 마무리하자.

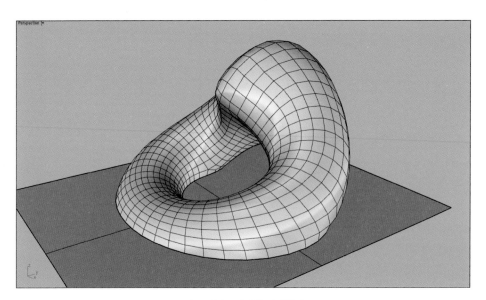

기존 메쉬 모델링은 삭제했다

* 이제 정리된 Quad 메쉬만 남았다. 이 모델링에서 프레임을 뽑아내 보자.

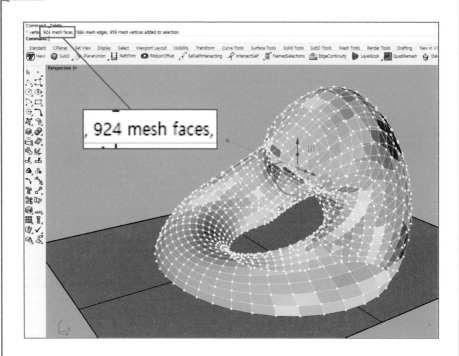

메쉬는 버텍스와 엣지, 페이스로 이루어져 있다. 어떤 메쉬의 구성요소가 각각 몇 개인지 궁금하다면, 컨쉬드로 메쉬를 선택하면 된다. 명령행에 몇 개의 버텍스, 엣지, 페이스로 메쉬가 구성되어 있는지 표현된다. 정확히 말하면 컨쉬드로 '선택한' 요소들의 개수가 명령행에 표현된다.

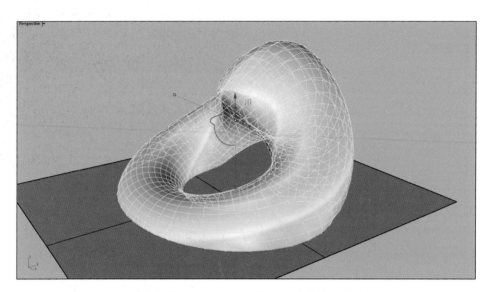

메쉬 엣지는 ExtractWireframe(ew)으로 추출할 수 있다

- ExtractWireframe(ew)은 적용하는 모델링에 따라서 추출되는 개체가 다르다. 메쉬나 섭디일 때엔 엣지가, 넙스일 때엔 아이소커브가 추출된다.
- 메쉬를 선택하고 ExtractWireframe(ew) 명령을 입력하면 엣지가 추출된다. 이때에 바로 이어서 Group(g)을 하도록 하자. 그래야 나중에 커브 선택이 쉬워진다.

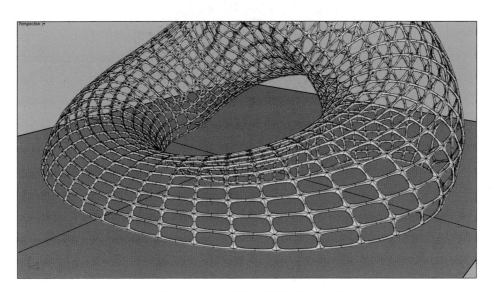

MultiPiple(mp)로 한 번에 프레임을 만들 수 있다

- MultiPipe(mp) 명령으로 커브를 순식간에 프레임을 모델링 했다. MultiPipe(mp) 결과
  는 섭디 모델링이다. 그룹된 커브를 선택하고 MultiPipe(mp) 명령을 입력하면 된다.
- 반지름은 30으로, Strut divisions는 1로 설정했다. Strut divisions는 곡선일 때에 0, 직
  선일 때에 1을 설정한다.

커브 속성에 따라 달리 표현되는 멀티파이프

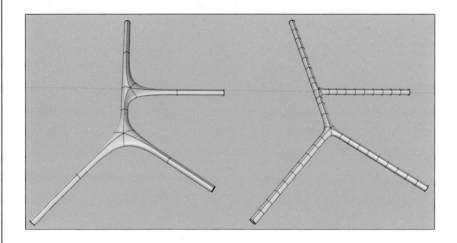

곧게 뻗은 직선을 입력으로 설정해서 MultiPipe(mp)하면 왼쪽과 같이 표현된다. 만약 오른쪽처럼 교차점인 노드(Node) 부분을 최대한 작게 표현하고 싶다면, 입력 커브를 Rebuild해야 한다. Rebuild할 때에 포인트 개수(Point count)가 많을수록 노드가 작아진다.

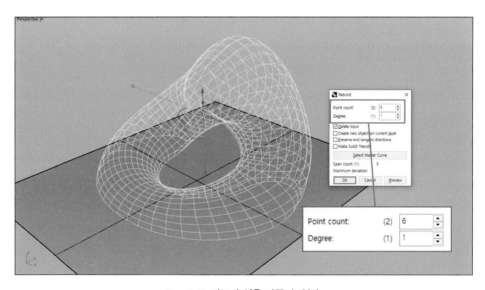

Rebuild로 커브 속성을 바꿀 수 있다

- 멀티 파이프로 만든 개체를 삭제하고, 다시 작업해 보자. 이번에는 노드 부분을 최대한 작게 만들어 보려고 한다.
- 커브 그룹을 선택하고 Rebuild 명령을 입력한다. Rebuild는 커브 속성을 바꾸는 명령이다. Point count를 6으로, Degree는 1로 설정한다. 원래는 두 수치가 2, 1이었다. 이를 6, 1로 바꾸는 것이다. 커브를 구성하는 컨트롤 포인트를 추가하는 작업이다. OK를 누르면 커브 속성이 6, 1로 바뀌게 된다.

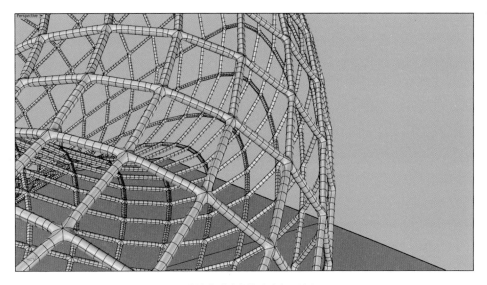

프레임에 엣지가 추가되어 보인다

- 아까와 동일한 옵션(반지름 30, Strut divisions 1)으로 MultiPipe(mp)했다.
- 프레임 모델링이 분절된 것처럼 엣지가 많이 표현된다. 그러면서 노드는 작게 표현되었다.
- 같은 커브를 MultiPipe(mp)하는 것이라도 커브 속성에 따라 노드 사이즈가 달리 표현된다는 점을 기억하자.

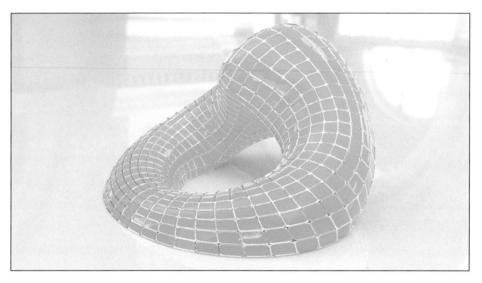

렌더링 결과

- 렌더링 환경 설정은 앞서 진행했던 내용과 동일하므로 간단히 짚고만 넘어간다.

    1. Ground plane 설정을 켜고 재질을 Paint로 입력했다.
    2. 반사에 사용되는 환경맵, Skylight 환경맵을 지정했다.
    3. 렌더링 해상도는 Viewport로, Quality는 Final로 설정했다.
    4. 프레임에는 Metal 재질을, 메쉬 모델링에는 Paint(색상 변경) 재질을 입력했다.

R H I N O

06

섭디 건축 모델링

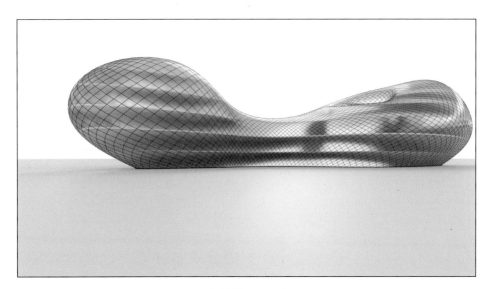

섭디 건축물 모델링

기본 지오메트리가 아닌, 3DFace(3d - 단축키)로 섭디 모델링을 시작할 수도 있다. 이번에는 기본 이미지를 배경으로 배치하고 섭디 모델링을 해 보도록 하자.

순서	작업내용	명령어	단축키
[1]	이미지 배치	Picture	단축키 없음
		Scale	단축키 없음
		Lock	단축키 없음
[2]	기본형태 제작	3d Face	**3d**
		Join	**j**
		Extrude SubD	단축키 없음
		Unlock	단축키 없음
		Bridge	단축키 없음
[3]	슬래브 제작	Set Pt	단축키 없음
		Contour	단축키 없음
		Offset	**o**
		Extrude Crv	**ext**

섭디 건축물 모델링 명령어

사용하는 명령어들은 다음과 같다. 언뜻 많아 보이지만, 사실 이전에 배웠던 명령어들이 대부분이다. Picture 명령으로 이미지를 라이노로 갖고 와서 배치한 다음, Scale로 이미지 사이즈를 조정한다. 이미지가 선택되지 않도록 Lock으로 잠금을 설정한다.

이후에는 3DFace(3d)로 섭디 페이스를 배치하고, Join(J)으로 섭디 페이스를 연결한다. ExtrudeSubD로 연결된 섭디 페이스를 z방향으로 돌출시키고, 포인트 편집으로 형태를 잡아간다. 이때 어느 정도 형태를 만들어서 이미지 가이드가 필요 없다면 Unlock으로 잠겨있던 이미지의 잠금을 해제하고 삭제한다. Bridge로 섭디 모델링을 연결하는 형태도 만들어 볼 것이다.

이후에는 넙스 작업이다. Set Pt, Contour, Offset(o), ExtrudeCrv(ext) 명령으로 슬래브를 만든다.

첨부파일 중 '06_섭디 건축물 모델링.3dm' 파일을 열어보자.

섭디 모델링

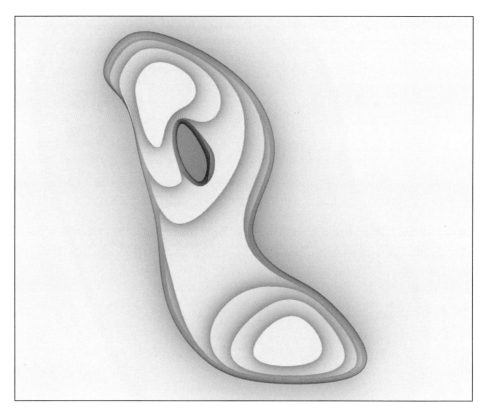

Top 이미지

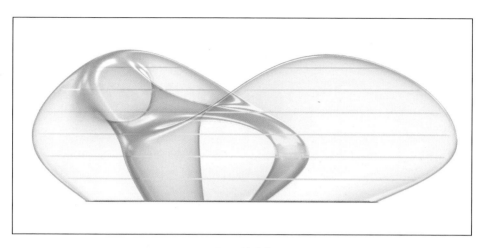

Front 이미지

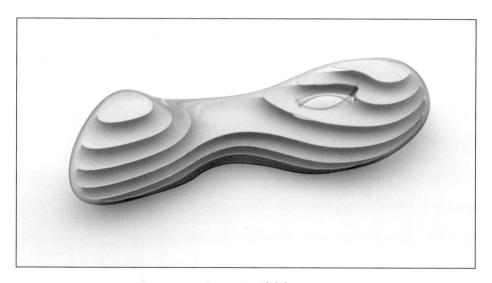

Perspective 이미지

첨부파일은 한 개의 모델링 파일과 세 개의 이미지 파일로 구성되어 있다. 이미지 파일은 Top, Front, Perspective에서 스크린 샷을 찍은 모습이다. 이 중에서 Top과 Front 이미지를 라이노 파일로 불러와서 배치할 것이다. 섭디 모델링의 베이스 이미지가 될 것이다. 모델링 파일을 열어보도록 하자.

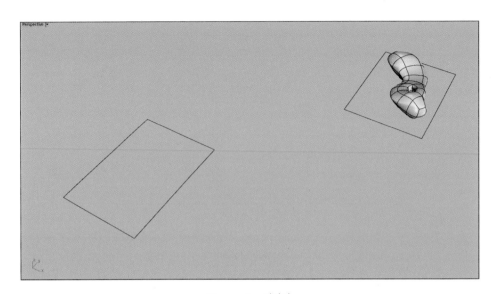

Perspective 이미지

모델링 파일은 다음과 같이 생겼다. 원점에 있는 사각형에 작업을 하면 된다. 저 멀리 있는 모델링은 필자가 미리 작업한 모델링이다. Picture 명령으로 Top 이미지를 먼저 배치해보자.

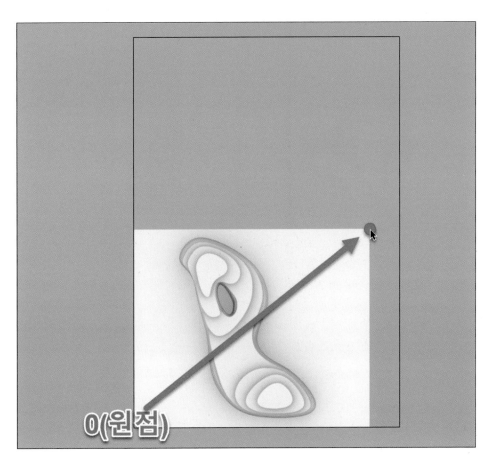

0(원점)

Picture로 이미지를 라이노로 불러올 수 있다

Picture 명령을 입력하고 이미지 파일을 선택하면 된다. 두 번의 클릭으로 이미지를 배치
할 수 있는데, 처음은 0을 입력해서 원점을 찍는다. 그 다음은 사각형 내부에 적당한 곳에
클릭해서 이미지 배치를 마무리한다. 단, Shift키를 누르면 이미지 비율이 유지되지 않으
니 누르지 않도록 주의한다.

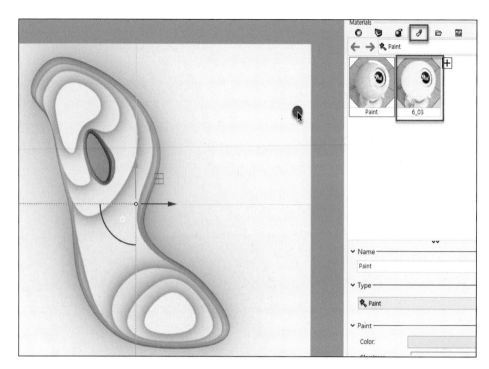

Materials탭에서 재질을 확인할 수 있다

Picture로 갖고온 개체를 선택하고 우측 Materials 탭을 확인해 보자. 이상한 재질이 적용되어 있는 것을 확인할 수 있다. 그렇다. Picture로 이미지 파일을 라이노로 불러오면, 이미지와 같은 비율의 서피스가 만들어지고 그 위에 재질이 이미지로 적용되는 방식이다. 즉, Picture로 갖고 온 개체는 서피스다.

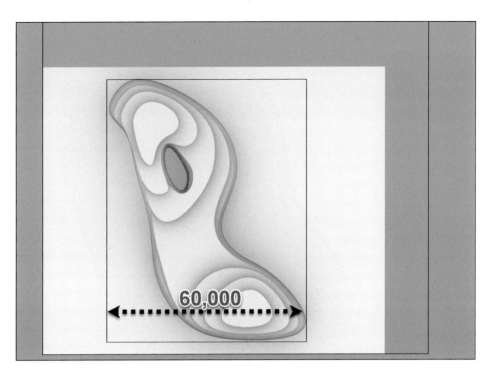

비율을 유지하면서 이미지 사이즈를 조정해야 한다

이미지 중에서 섭디 건축물에 바짝 붙여서 사각형을 그린다. Rectangle(Rec) 명령을 이용하면 된다. 사각형을 그린 이유는 적당한 사이즈로 이미지를 조정하기 위해서다. 건축물의 가로 길이를 60미터(60,000밀리미터)로 조정하려고 한다.

방금 제작한 사각형과 이미지(Picture)를 선택하고, Scale로 가로 크기를 60,000으로 설정하자.

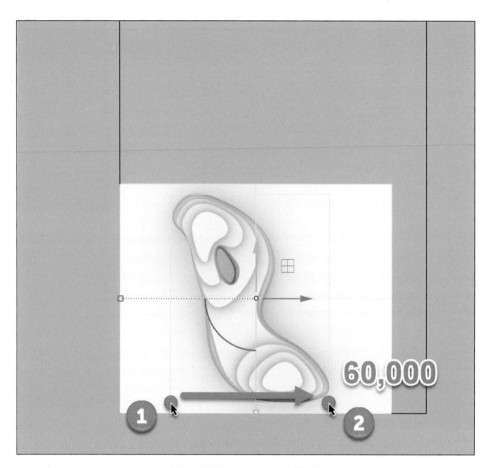

가로 길이를 60,000으로 설정한다

끝 점 오스냅으로 사각형의 끝 점을 선택할 수 있다. Scale 명령을 입력하고, 첫 두 번의
클릭으로 사각형 가로 끝 점 오스냅을 선택한다. 그 다음, 값(60,000)을 입력하면 된다.
첫 번째 클릭한 왼쪽 끝 점이 앵커(Anchor)가 되어 사이즈가 조정된다.

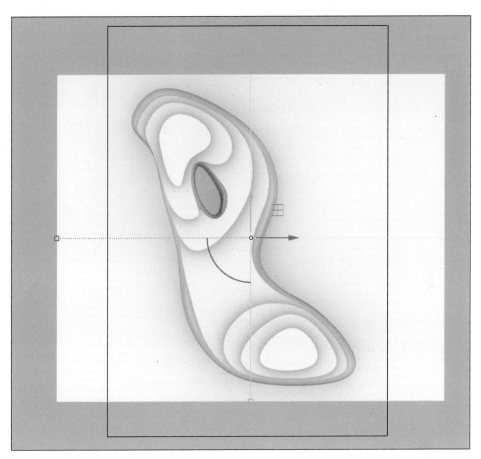

크기가 조정된 서피스

크기가 조정되었다면, Scale의 참고 개체로 쓰였던 사각형은 삭제한다. 그리고 서피스 위치를 조정해서 건축물이 사각형 안에 대략 배치되도록 한다. Front 이미지는 추후 섭디 모델링의 높이를 적용할 때에 배치하도록 하자.

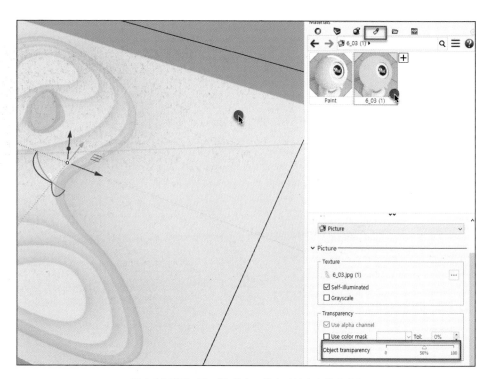

이미지에 투명도를 적용해야 모델링 작업이 수월해진다

이미지에 적용된 맵핑 이미지에 투명도를 적용할 것이다. Materials 탭에서 서피스에 적용된 재질의 Object transparency를 조정한다. 50~60 정도로 투명도를 조정한다.

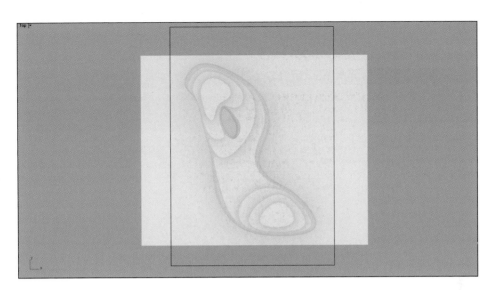

Lock으로 잠긴 개체는 선택되지 않는다

투명도까지 적용되었으니, 이제 Lock으로 서피스를 잠그는 일만 남았다. Lock으로 서피스를 잠그도록 한다. Lock 설정을 하지 않는다면, 섭디 모델링 작업 중에 서피스가 자꾸 선택되는 불편함이 생기게 되기 때문이다.

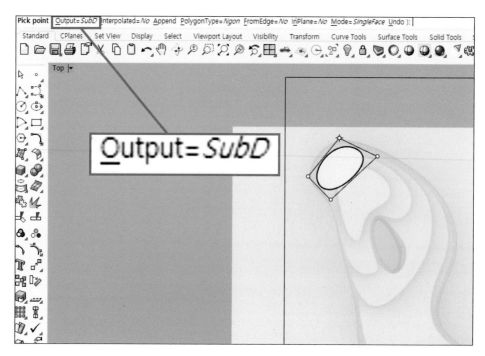

3DFace(3d) 출력이 SubD인지 확인해야 한다

이제 Top뷰에서 섭디 페이스를 제작하면 된다. 총 10~12개 정도의 섭디 페이스를 만들 것이다. 3DFace(3d) 명령을 사용할 것이다. 단, 옵션 중 Output이 SubD인지 확인해야 한다. 혹여나 Mesh로 만들 수도 있기 때문이다. (사실은 Mesh로 만들어낸 다음에 ToSubD명령으로 섭디를 만들어내는 과정이 더 간편하고 직관적이다. 다만 이번에는 개별 섭디 서피스를 조인해서 섭디 모델링을 만들어내는 과정을 보여주고 싶다.)

이제 사각형 섭디 사각형을 만들 것이다. 다만 아래 세 가지 사항을 반드시 지켜야 한다.

1) 네 번의 클릭으로 만든다.

3DFace(3d) 명령을 사용해 보면 알겠지만, 정말 많은 엣지를 갖는 다각형 섭디를 만들 수도 있다. 이번에는 단 네 번을 클릭해서 사각형 형태로 만들 것이다. 클릭을 네 번한 후에 스페이스 바를 누르겠다는 뜻이다.

2) 엣지가 붙도록 연결해서 만든다.

추후 Join(j) 명령으로 섭디 페이스를 연결해서 섭디 개체를 만들 것이다. 커브는 포인트가 맞닿아 있어야 조인이 되듯이, 섭디 페이스는 엣지가 맞닿아 있어야 조인이 된다. 오스냅 중 정점(Vertex) 옵션이 체크되어 있어야 한다.

3) 적절한 개수로 만든다.

이번 모델링은 총 9~11개 정도의 섭디 페이스로 형태를 잡아갈 것이다. 컨트롤 포인트가 너무 많으면 유려한 형태의 커브를 만들어내기 쉽지 않다. 섭디도 마찬가지다. 너무 많은 엣지가 있다면 유려한 형태로 모델링을 잡아가기 힘들다.

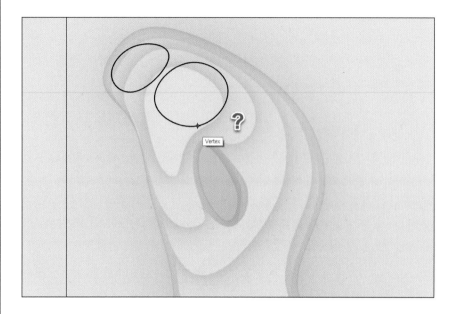

섭디 페이스는 정점(Vertex) 오스냅을 이용해야 엣지가 연결된 페이스를 만들 수 있다. 다만, 다음과 같은 Smooth 모드에서는 어디가 Vertex인지 분간이 어렵다. Tab키를 눌러서 Flat 모드에서 3DFace(3d) 작업을 하도록 하자.

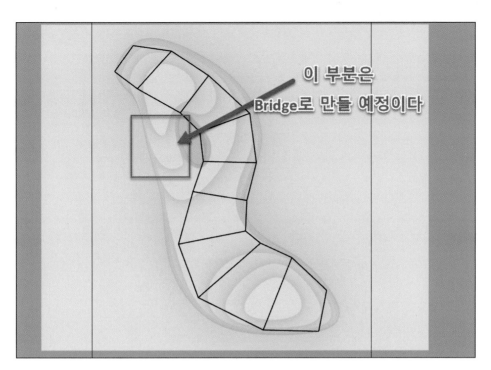

엣지가 맞닿도록 섭디 페이스를 만들었다

왼쪽 부분은 Bridge로 만들어낼 것이기 때문에 섭디 페이스를 만들지 않았다. 겉보기에
는 약 10개 정도의 섭디 페이스가 모두 조인되어 있는 상태로 보인다. 하지만 Tab키를 눌
러보면 알겠지만, 지금은 개별적으로 떨어져 있는 섭디 페이스에 불과하다.

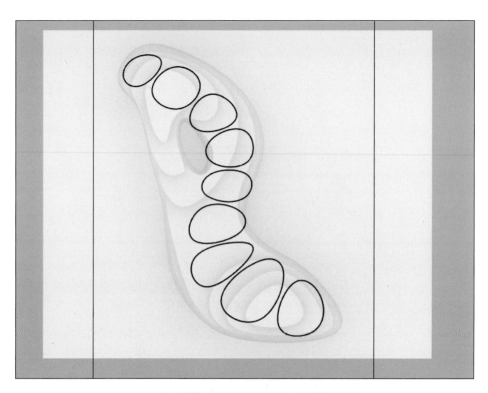

Smooth 모드에서는 엣지가 맞닿아 있는지 확인이 어렵다

섭디 페이스를 모두 선택하고 Join(j)을 하도록 한다. Join할 때에 페이스 간 연결을 Smooth하게 할 것인지 Crease하게 할 것인지 선택할 수 있다. Smooth를 선택하도록 하자.

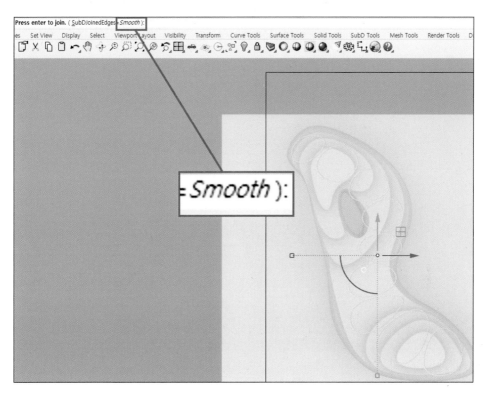

Join(j)할 때에 옵션은 Smooth로 설정한다

Join(j)이 문제없이 잘 되었다면 다음과 같은 지렁이 형태가 보일 것이다.

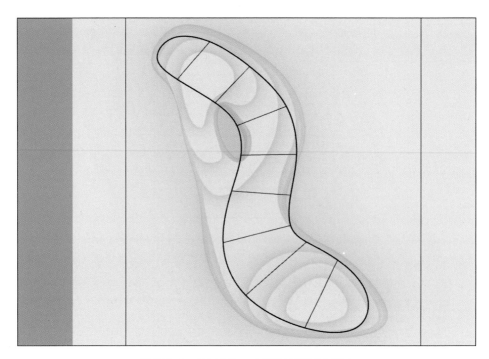

현재 Display 모드가 Smooth라서 부드럽게 보인다

이제 섭디 작업의 절반은 끝났다. Perspective뷰로 넘어가서 섭디를 3D로 만들어 보자.

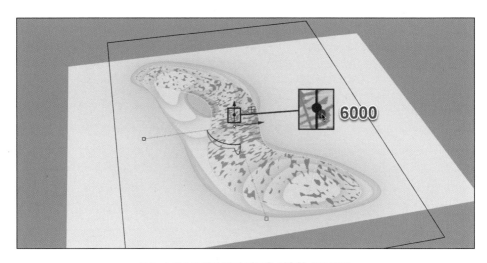

ExtrudeSubD 명령 대신 검볼을 이용할 수도 있다

만약 음영이라면, Perspective에서 다음과 같이 이미지와 섭디 모델링이 겹쳐 보인다. xtrudeSubD 명령 대신 검볼을 이용해서 3D를 만드는 방법을 먼저 보여주겠다. 섭디 모델링을 선택하면 검볼이 표현된다. 이 중에서 파란색 화살표는 Z축 방향이다. 파란색 화살표 중간에 있는 파란색 원을 클릭하면 값을 입력할 수 있도록 창이 나오게 되는데, 이때 6000을 입력하고 엔터를 누른다.

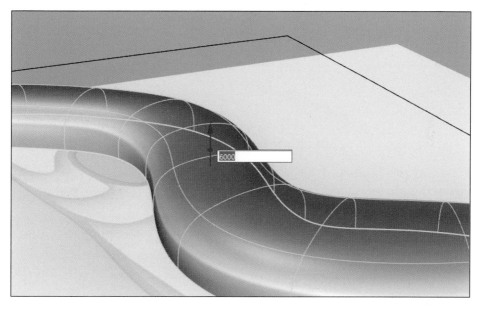

Z방향으로 6000씩, 두 번 입력한다

Z방향으로 6000씩, 두 번 올릴 것이다. 한 번에 12000을 입력하면 12미터 높이가 만들어진다. 괜히 한 번 작업할 것을 두 번 나누어 한다고 생각할 수 있다. 아니다. 6000씩 두 번 올리게 되면, 중간에 엣지가 만들어지게 된다.

6000씩 두 번 올리든지, 한 번에 12000을 올린 후에 엣지를 추가할지는 유저 자유다.

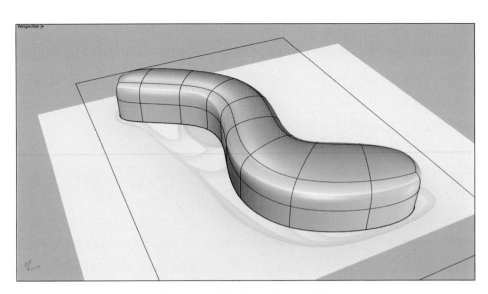

자동으로 높이 방향 엣지가 하나 추가되었다

검볼을 사용하지 않고, 라이노 명령어로도 같은 작업을 할 수도 있다. ExtrudeSubD를 이용하면 된다. 같은 작업을 이번에는 명령어를 사용해서 해 보겠다.

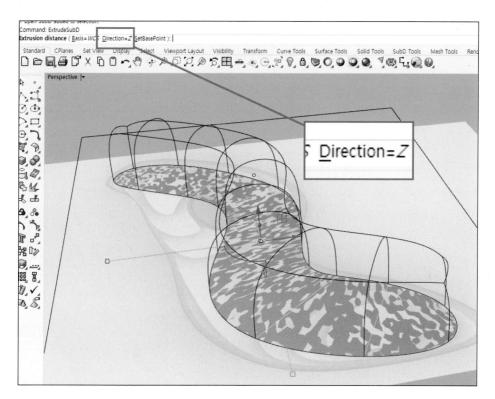

Direction이 Z인지 확인하자

ExtrudeSubD 작업을 할 때엔 명령어 입력 전에 개체를 먼저 선택하는 것이 좋다. 만약 명령을 먼저 입력하게 되면 Extrude할 섭디 페이스를 일일이 모두 선택해야 하는 번거로움이 따른다. Direction이 Z로 설정되어 있어야 Z방향으로 돌출된다. 아까 했던 작업과 마찬가지로, 6000씩 총 두 번 명령을 적용하면 된다. 대략적인 높이를 확인하기 위해서 Front 이미지도 Picture 명령으로 배치해 보자.

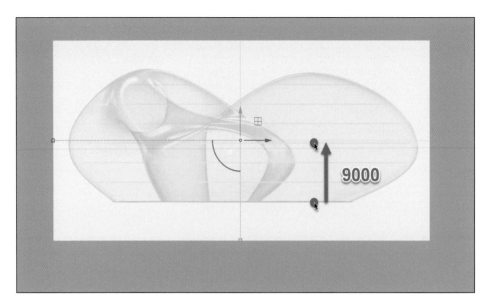

한 층의 높이는 3000으로 설정했다

Top뷰에서 Picture 명령으로 Front 이미지를 갖고 왔다. Materials 탭에서 해당 서피스에 적용된 이미지의 투명도를 조절했다. 별도의 사각형을 그리지 않더라도 Scale로 크기를 조정할 수 있다. 한 층의 높이를 3000으로 설정했기 때문에, 슬래브 기준선을 참고해서 크기를 조정하면 된다. Scale 명령으로 크기를 조정한다. 한 층은 너무 짧으니, 넉넉하게 3개 층 높이를 참고로 크기를 조정했다.

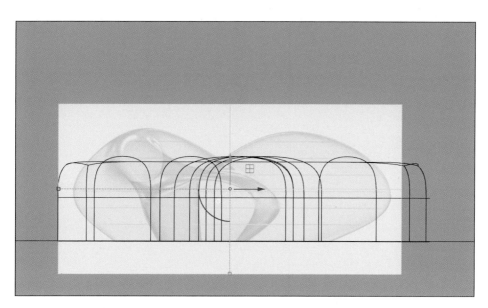

Front뷰에 맞게 배치했다

검볼의 회전, 이동 기능을 이용해서 위치를 대략 배치해 봤다. 크기가 어느 정도로 만들어
질 것인지 참고하기에 좋다. 하지만 이미 우리는 완성된 3D모델링 형태가 있기 때문에,
그 모델링을 참고하도록 하자.

이제 참고가 되었던 두 이미지(Top, Front)는 삭제해도 좋다. Unlock 명령으로 잠금을 해
제하고 두 이미지 서피스를 삭제한다.

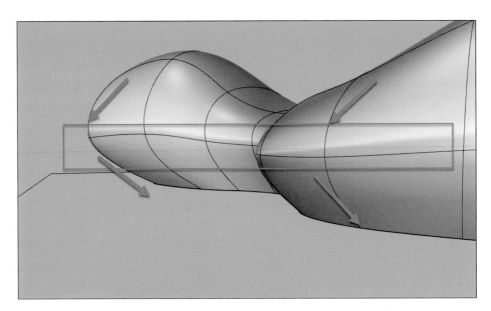

완성된 모델링을 참고했다

완성된 모델링을 보면 옆면이 전체적으로 바깥쪽으로 향하고 있다. 역동적인 형태가 마치 동대문디자인플라자(DDP) 같다. 옆면 엣지들만 선택해서 바깥쪽으로 포인트를 조정해 보자.

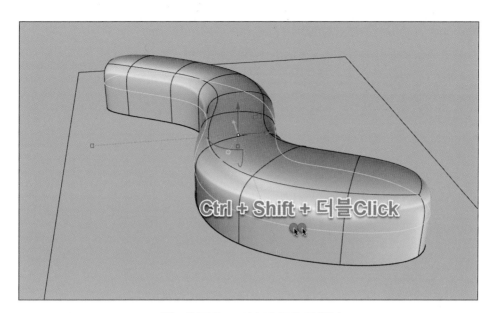

컨쉬–더블클릭으로 옆면 엣지들을 선택한다

옆면 엣지 중 하나를 Ctrl + Shift + 더블클릭하면, 전체 엣지가 선택된다. 이 상태에서 검볼의 Scale 기능을 활용해 보자.

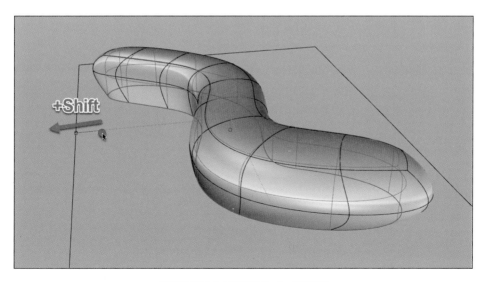

검볼의 조그만 사각형이 Scale 손잡이다

옆면 엣지가 선택된 상태에서 작은 빨간 사각형을 Shift키를 누른 채 드래그하면, XY평면과 평행하게 Scale이 조정된다. 2차원 크기 조정인 셈이다.

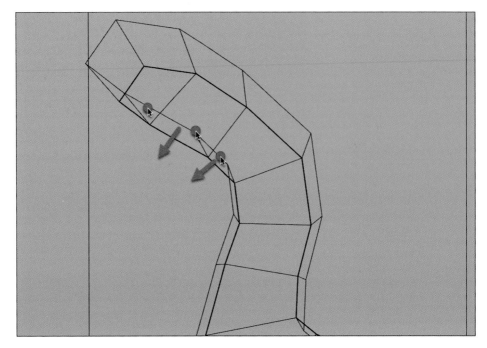

Top뷰에서 작업을 마무리한다

와이어프레임(wf)에서, Flat 모드에서 작업하도록 하자. 무작정 2차원 Scale을 하게 되면 의도치 않게 안쪽으로 엣지가 침범되기도 한다. 섭디 모델링 자체가 원형은 아니기 때문이다. 이런 부분은 약간의 수작업이 필요하다. Top뷰로 넘어가서 안쪽으로 침범한 엣지와 버텍스들을 컨쉬드로 선택해서 바깥쪽으로 이동시키자. 컨쉬드로 '엣지'를 선택하는 것보다는 '버텍스'를 선택하는 것이 작업하기에 좋다.

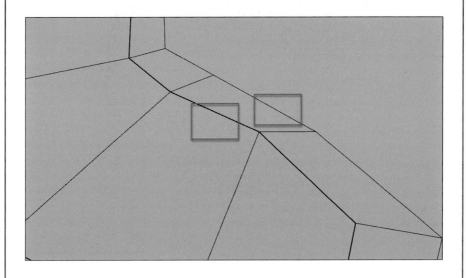

TIP 엣지 두께를 보면 형태가 보인다

일반 섭디 엣지는 얇게 표현된다. 굵게 표현되는 부분은 섭디가 뚫려 있는 부분이다. 이를 감안해서
포인트 편집을 하자.

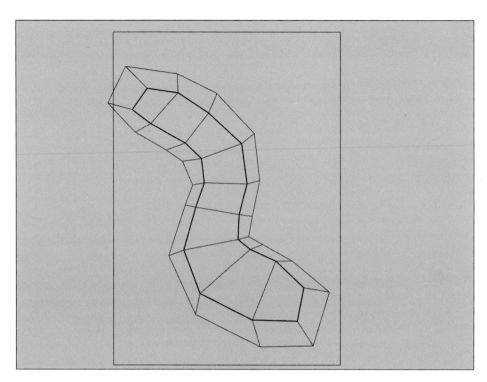

포인트 편집이 끝난 모습

섭디 모델링은 포인트 편집을 오래 할수록 모델링 완성도가 높아진다. 안쪽으로 침범한 엣지들을 모두 정리했다.

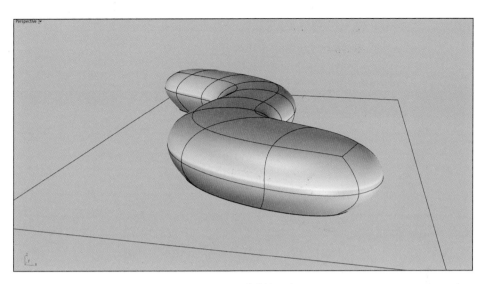

Perspective에서 본 모습

Tab키를 눌러서 Smooth 모드 일 때의 모습도 확인하자. 동글동글하게 귀여운 모델링이
되었다. 포인트 편집을 할 때엔 Flat 모드를, 모델링을 확인할 때에는 Smooth 모드를 활
용하자.

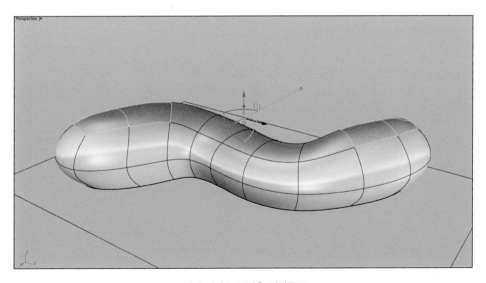

섭디 서피스 조정은 컨쉬클로

컨쉬클로 섭디 서피스를 선택해서 Z방향으로 올리기도 하자. 완성된 모델링을 참고해 보면, 모델링 앞부분과 뒷부분이 Z방향으로 솟아있다.

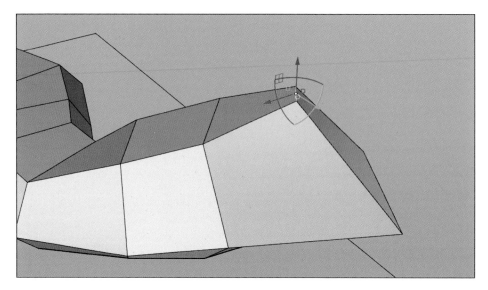

Tab키로 Flat 모드와 Smooth 모드를 오갈 수 있다

모델링 작업을 하면서 Flat 모드와 Smooth 모드를 여러 번 오가야 한다. 되도록 형태 편집은 Flat 모드에서 하도록 하자.

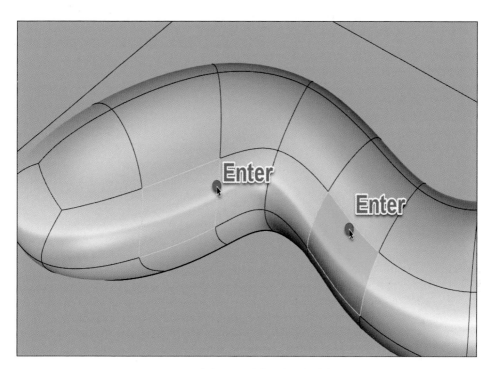

Bridge 명령으로 브릿지를 만들 수 있다

브릿지는 이어지는 모델링을 말한다. Bridge 명령을 입력하고, 브릿지를 만들 서피스를
선택한다. 서피스 선택 엔터, 서피스 선택 엔터. 엔터 없이 두 서피스를 한 번에 선택하면
안된다.

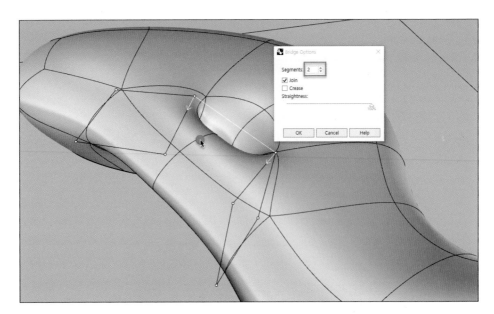

브릿지 옵션창

Bridge Options에서 Segments를 2로 설정한다. 브릿지를 두 개의 세그먼트로 만들겠다는 뜻이다. 결과적으로 브릿지 중간에 엣지가 하나 만들어지게 된다. OK 버튼을 누르면 브릿지가 만들어진다.

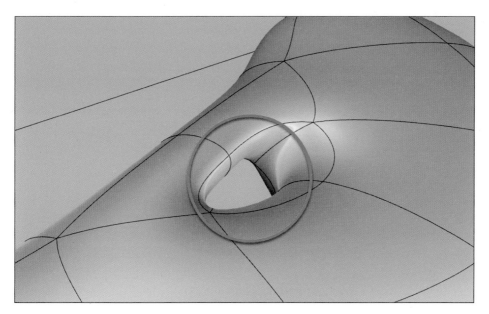

구멍을 넓히도록 모델링하자

브릿지를 하니 모델링에 구멍이 생겼다. 다만 브릿지가 섭디 모델링에 바짝 붙어서 만들어졌기에 구멍이 난 공간을 활용하기 어렵다. Tab키를 눌러 Flat 모드에서 모델링 형태를 잡아보자.

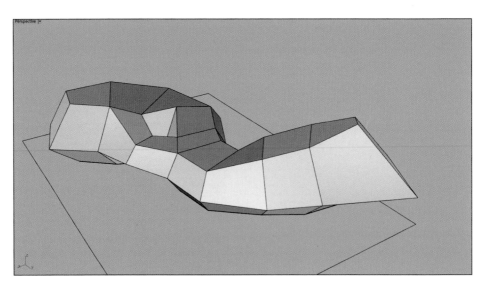

전체적으로 모델링을 손보자

음영뷰(sf)와 와이어프레임(wf)을 오가면서 모델링 형태를 잡는다. 편집은 Flat 모드에서, 확인은 Smooth 모드에서. 모델링을 형태를 모두 잡았다면, 이제 슬래브를 제작할 차례다. 우선은 SetPt로 섭디 모델링 끝 엣지 부분(현재 바닥 부분)을 모두 XY평면으로 안착시킬 것이다. 혹여나 바닥을 구성하는 섭디의 Vertex가 Z축 방향으로 움직여서 XY평면과 떨어져 있는 경우에는 이후 작업(Contour)에 문제가 생길 수 있기에 진행하는 작업이다.

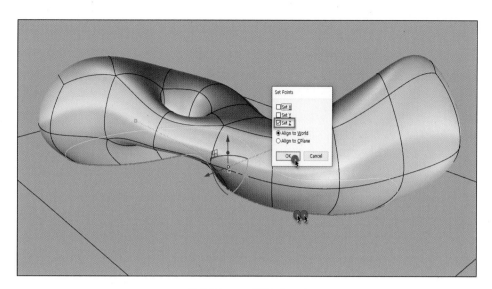

전체적으로 모델링을 손보자

바닥을 구성하는 엣지 중 하나를 더블클릭한다. 모든 바닥 부분 엣지가 선택된다. 이 상태에서 SetPt 명령을 입력한다. Set Points 옵션창이 뜰 것이다. 이 중에서 Set Z만 체크하고 OK 버튼을 누른다. 선택한 개체의 컨트롤 포인트 좌표를 셋팅할 것인데, Z방향으로만 움직이겠다는 뜻이다.

옵션창이 닫히면 바닥 부분을 클릭하자. 바닥엣지를 구성하는 Vertex들이 모두 XY평면으로 배치될 것이다. 아마 바닥 부분 Vertex를 Z축 방향으로 이동하지 않았었다면 모델링 변화가 없을 것이다. 혹여나 바닥이 들뜬 부분이 있을까봐 추가한 부분이다.

이제 전체적인 높이를 파악하기 위해서 BoundingBox(bb)로 바운딩 박스를 만들자.

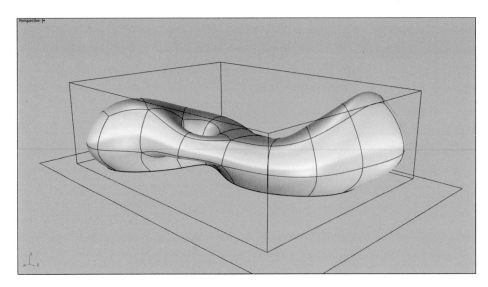

BoundingBox(bb)로 개체를 감싸는 박스를 만들었다

내부 모델링을 확인해야 하기 때문에 BoundingBox(bb) 옵션 중 Output은 Curves로 선택했다. 이제 이 박스의 끝 점 오스냅을 이용해서 Contour를 해 보자. 방향은 Z축으로, 간격은 3000으로 설정한다.

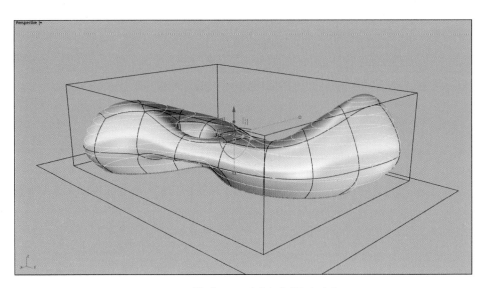

Contour 직후에 HH로 나머지 개체를 숨기자

Contour를 하면 슬래브 기준선이 만들어진다. Contour 명령 직후, HH 명령으로 나머지 개체들을 숨기도록 하자.

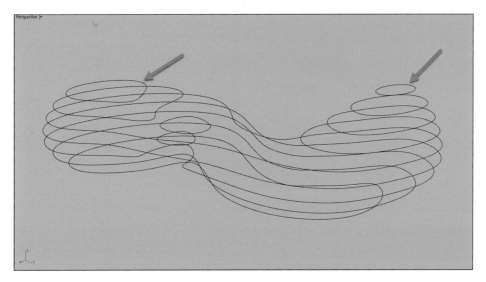

슬래브 기준선 중에서 너무 작은 부분은 삭제하자

방금 Contour로 만들어진 커브들을 제외하고 모두 숨겨졌다. 이 커브들은 안쪽으로 Offset(o)된 후에 ExtrudeCrv(ext)를 거쳐 슬래브로 만들어질 것이다. 너무 작다고 생각되는 부분의 커브를 선택해서 삭제하도록 하자. 필자는 화살표로 표시한 두 개의 슬래브는 너무 작을 것 같아서 삭제했다.

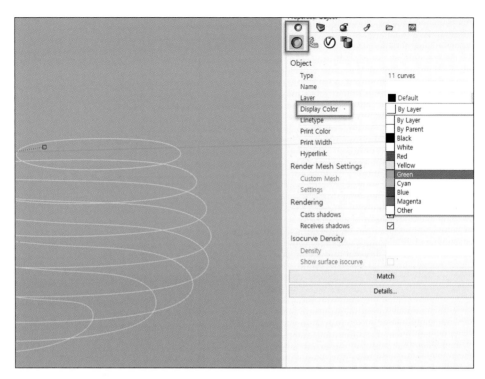

슬래브 기준선을 바로 ExtrudeCrv(ext)하면 안 된다

남은 슬래브 기준선 커브들을 모두 선택하고 Group(g)한다. 추후 Offset(o) 작업 후에 십게 개체를 삭제하기 위해서다. 그룹을 했으면, 우측 Properties 탭에서 Display Color를 눈에 띄는 밝은 색으로 설정한다. 단, Yellow는 개체를 선택했을 때 색상이므로 피하도록 하자. 필자는 Green으로 선택했다.

Offset(o)한 커브와 기존 커브를 색깔로 구분할 수 있다

차분히 커브를 하나하나 Offset(o)하자. 방향은 안쪽으로, Distance는 1000으로 설정한다. 슬래브를 안쪽으로 1미터 오프셋 한 다음에 만들 예정이다. 오프셋으로 거리를 띄운 커브와 기존 커브는 색깔이 다르게 표현된다. 헷갈리지 않게 작업할 수 있다. 참고로 이렇게 반복되는 작업은 그래스호퍼(Grasshopper)로 쉽게 작업할 수도 있다.

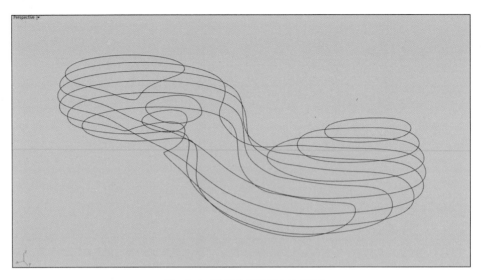

기존 커브는 한 번에 선택해서 삭제했다

Offset(o) 작업이 끝났다면, 녹색으로 표현되던 기존 커브는 선택해서 삭제하도록 한다. 그룹되어 있기 때문에 한 번의 클릭으로 쉽게 모든 기존 커브를 선택할 수 있다.

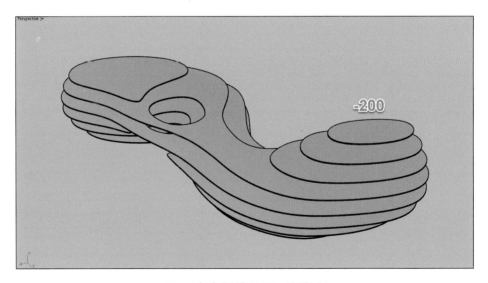

Extrude(ext) 옵션을 Solid로 설정한다

ExtrudeCrv(ext) 명령으로 슬래브를 만들었다. Solid 옵션은 Yes로, Distance는 -200을
입력했다. 돌출 명령을 입력할 때에 값 앞에 마이너스(-)를 붙이면 반대 방향으로 돌출된
다. 지금 같은 경우는 Z의 반대 방향, 아래 방향으로 돌출된다.

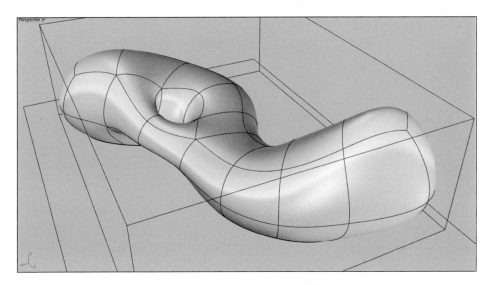

SH 명령으로 숨긴 개체를 보이게 했다

슬래브가 만들어졌다면, SH 명령으로 숨겨진 개체를 다시 보이도록 하자. 걱정되는 부분
이 있다. 바로 외피와 슬래브가 충돌하는지 여부다. 모델링을 돌아보자.

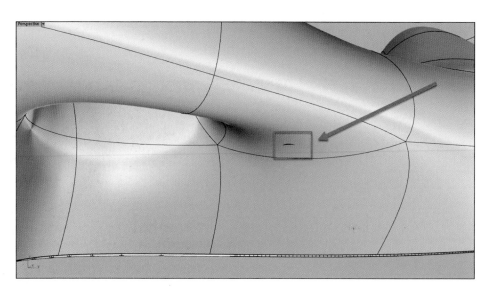
모델링 형태에 따라서 슬래브가 많이 노출되는 경우도 있다

필자는 아주 작은 부분에서 충돌이 있었다. 렌더뷰(rf)에서 확인해 보니 거의 보이지는 않아서 무시할만하다. 다만, 모델링 형태에 따라서 슬래브와 외피가 많이 충돌되는 경우도 있다. 그럴 경우에는 Offset(o)의 Distance 값을 조정해서 겹치지 않도록 다시 모델링 하도록 하자.

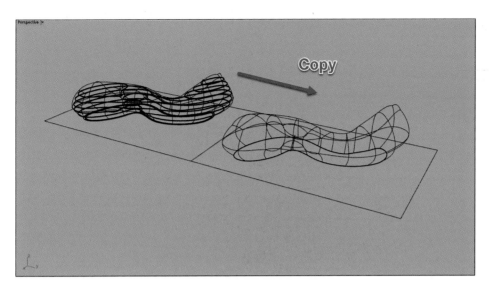

외피 작업을 위한 섭디 모델링을 복사했다

바운딩 박스는 이제 필요없으니 선택해서 삭제했다. 그 다음, 슬래브를 제외한 섭디 모델링과 사각형을 옆으로 복사했다. 외피 작업을 위해서다. 외피는 그래스호퍼를 활용해서 만들어 볼 것이다.

내 용	비 고
Lunchbox 설치	Package Manager
Set & Bake	Rhino ⟷ Grasshopper
Pannels	Lunchbox
Flatten	아이템 모으기

그래스호퍼를 활용한 파라메트릭 외피디자인

그래스호퍼는 라이노에 있는 파라메트릭 알고리즘 에디터다. 만약 그래스호퍼를 심도있게 공부하고 싶다면 필자의 유튜브 채널인 디지트TV나 서적인 그래스호퍼 시크릿노트를 참고하기 바란다. 이번 튜토리얼에서는 간단하게 파라메트릭 외피를 만드는 용도로 그래스호퍼를 활용해 보겠다.

라이노 7의 새로운 명령어인 Package Manager로 Lunchbox를 설치할 것이다. 그 이후엔 Set과 Bake의 개념을 살펴볼 것이다. 이때에 간단한 그래스호퍼 인터페이스를 학습한다. 그다음 Lunchbox를 이용해 아주 손쉽게 패널링을 하고, Flatten으로 데이터를 정리할 것이다. 단, Flatten은 그래스호퍼 작업의 중요한 개념으로 이해하는 데에 오랜 시간이 필요하다.

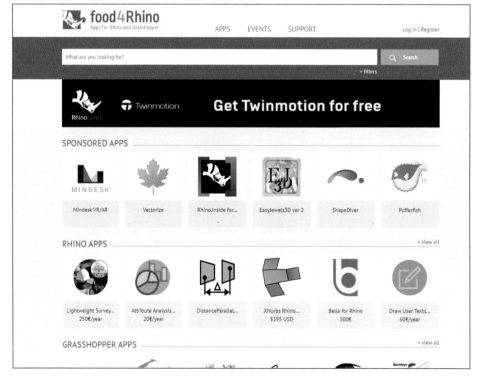

라이노 앱과 그래스호퍼 앱을 다운로드 받을 수 있는 푸드포라이노

그래스호퍼는 다양한 앱을 추가로 설치할 수 있다. 그중에서 Lunchbox는 패널링을 그래스호퍼로 쉽게 할 수 있게 도와주는 그래스호퍼 앱이다. 원래는 푸드포라이노(food4rhino.com)에서 검색을 해서 찾은 다음 설치해야 하는 프로그램이다. 하지만 라이노 7의 새 기능인 Package Manager로 Lunchbox를 쉽게 설치할 수 있다. 지금까지 작업한 라이노 파일을 저장하고, 라이노 명령행에 Package Manager를 입력하자.

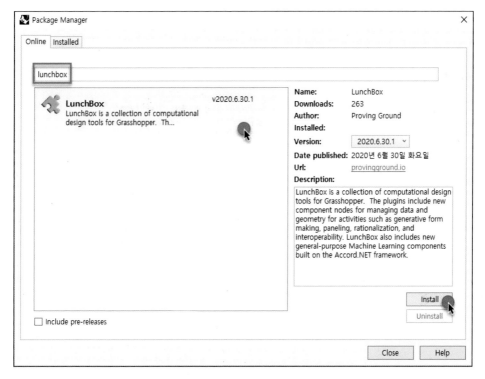

그래스호퍼 앱을 쉽게 검색해서 설치할 수 있다

인터넷만 연결되어 있다면, Package Manager로 라이노 안에서 다양한 앱들을 설치할 수 있다. Lunchbox를 검색하면 다음과 같은 녹색 퍼즐조각이 검색된다. 그래스호퍼 앱이라는 뜻이다. 이를 선택하고 Install 버튼을 누르면 쉽게 설치할 수 있다.

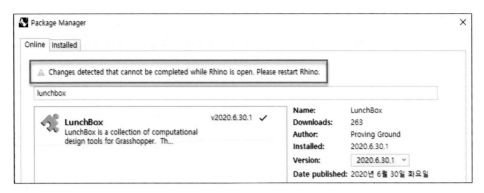

Lunchbox를 설치했다면 라이노를 재시동해야 한다

설치가 끝나면 라이노를 다시 시작하라는 메시지가 뜬다. 작업하던 라이노 파일을 끄고,
방금 저장했던 라이노 파일을 다시 열도록 하자.

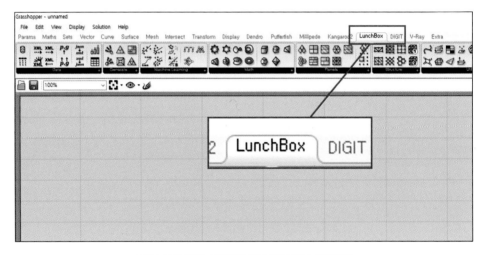

그래스호퍼 앱을 설치하면 상단 탭이 하나 추가된다

라이노가 켜지면 명령행에 Grasshopper를 입력해서 그래스호퍼를 켜도록 하자. 그래스호퍼는 라이노 앱이긴 하지만, 별도의 창을 갖는 특별한 앱이다. 상단 메뉴가 여러 개 보인다. 만약 Lunchbox가 문제없이 설치되었다면 상단 메뉴 중에 Lunchbox 탭이 보일 것이다. 참고로 바로 우측에 있는 DIGIT는 그래스호퍼 시크릿노트 서적에서 함께 설치했던 애드온이다. 상단에 귀여운 버튼들이 보이는데 이를 '컴포넌트(Component)'라고 한다. 이 컴포넌트들을 이어 붙여가며 알고리즘을 만들 것이다.

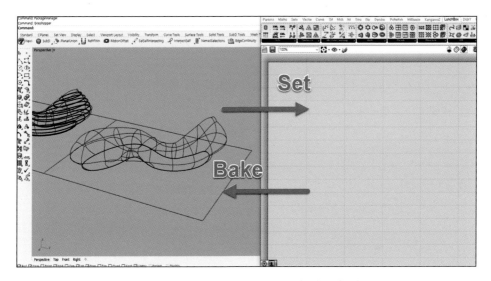

Set과 Bake만 알아도 그래스호퍼 절반은 아는 것이다

그래스호퍼에서 가장 중요한 개념은 Set과 Bake다. 그래스호퍼가 아무리 라이노에 있는 프로그램이라고 하더라도, 라이노와는 별개로 생각해야 편하다.

라이노 개체를 그래스호퍼로 갖고 올 때엔 Set, 그래스호퍼 개체를 라이노로 내보낼 때엔 Bake다. 옆으로 복사했던 섭디 모델링을 그래스호퍼로 Set해 보도록 하겠다.

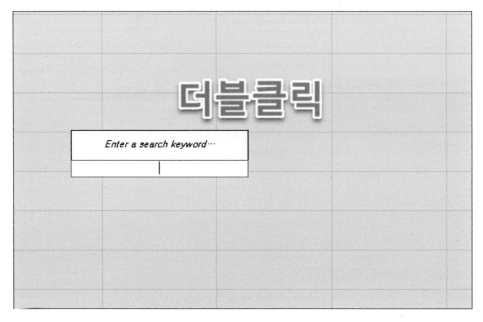

캔버스에 더블클릭하면 명령행이 생긴다

우선 그 전에, 가볍게 그래스호퍼 인터페이스를 알아보자. 캔버스는 그래스호퍼 창 중 가장 넓은 부분을 말한다. 캔버스에 더블클릭을 하면 명령행이 나오게 된다. 이곳에서 필요한 컴포넌트들을 검색해서 사용하면 된다. 섭디 모델링을 Set하기 위해서 SubD 컴포넌트를 검색해서 갖고 오자.

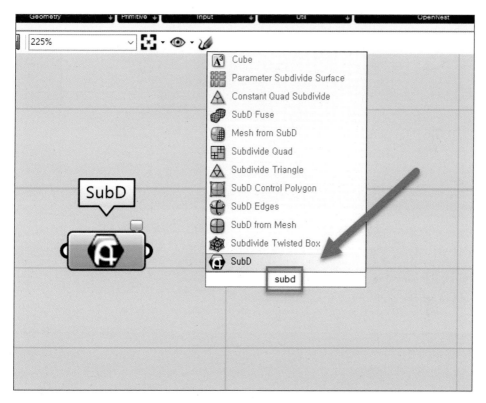

검색된 상태에서 엔터를 누르면 컴포넌트가 만들어진다

검색창에 subD를 검색하니 가장 처음에 SubD 컴포넌트가 검색된다. 이 상태에서 엔터를 누르면 컴포넌트가 가져와진다. 여기에 라이노 섭디 모델링을 Set해 보자.

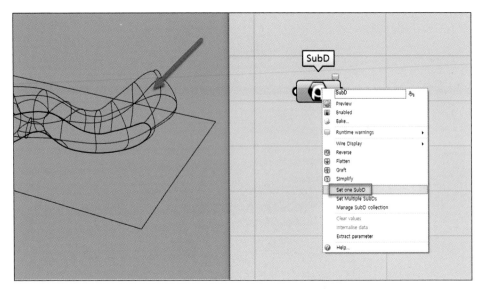

Set은 라이노 개체를 그래스호퍼로 설정하는 과정을 말한다

SubD 컴포넌트를 우클릭하고 'Set One SubD'를 선택하면 그래스호퍼 창이 닫힌다. 라이노에서 하나의 섭디 모델링을 Set하라는 뜻이다.

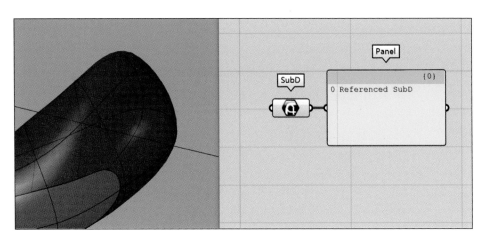

Panel은 Wire에 있는 데이터를 보여준다

제대로 Set이 되었다면, 라이노 화면에서 섭디 모델링이 빨갛게 표현될 것이다. 이때 Panel 컴포넌트를 이용해서 SubD 컴포넌트 내용을 확인할 수 있다. 현재 하나의 섭디 모델링이 참조(Reference)되고 있음을 보여준다. 컴포넌트 앞뒤에 붙은 점을 드래그하면 와이어가 생기면서 이미지와 같이 연결할 수 있다.

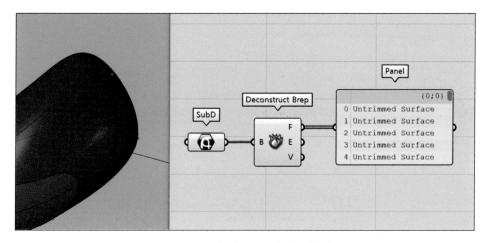

Deconstruct Brep은 개체를 분해하는 컴포넌트다

Deconstruct Brep 컴포넌트로 SubD에 참조된 섭디 모델링을 분해하자. 이때 Panel 컴포넌트 와이어를 끊고 다시 연결할 필요가 있다. 연결된 와이어를 끊기 위해서는 Ctrl키를 누른 채 와이어 시작점과 끝점을 드래그하면 된다. Panel로 확인한 결과, 한 개의 섭디 모델링이 여러 개의 넙스 서피스로 바뀐 것을 볼 수 있다.

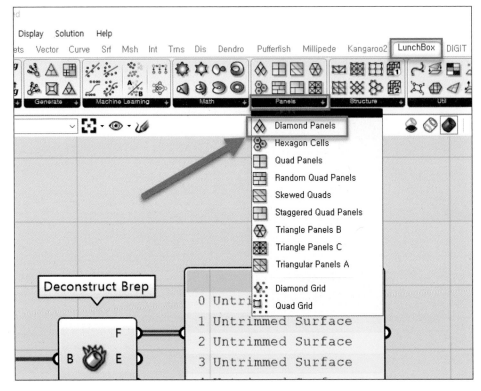

Panels 탭은 다양한 패널링 컴포넌트들이 있는 곳이다

Lunchbox 탭을 클릭하면 다양한 서브 탭들이 보인다. 이중에서 Panels를 클릭하자. Panels는 패널링 관련 컴포넌트들이 모여있는 곳이다. 이중에서 Diamond Panels를 클릭해서 캔버스에 두자.

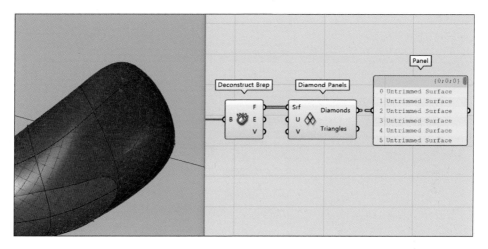

U, V에 자연수를 입력할 수 있다

캔버스를 더블클릭해서 나오는 검색창에서 컴포넌트를 검색해도 되지만, 이처럼 상단 메뉴에서 해당 컴포넌트를 찾아서 가져올 수도 있다. 현재 Diamonds에 Panels를 연결해 봤는데 상당히 많은 데이터가 있는 것을 확인할 수 있다. 이어서 작업을 하기 전에 라이노 뷰포트를 정리해 보려고 한다. 그래스호퍼 컴포넌트들 중 SubD와 Deconstruct Brep을 선택해서 Ctrl + Q를 누르도록 하자.

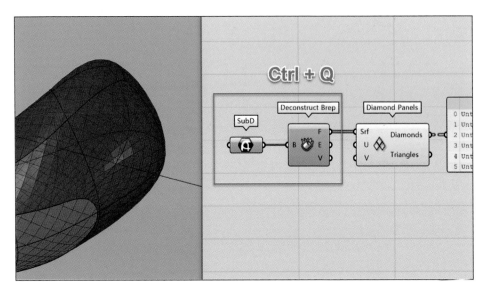

Ctrl + Q를 누르면 라이노 뷰포트에 해당 개체가 안 보이게 처리된다

선택한 두 개체가 원래 라이노 뷰포트에서 보여졌었는데 이제는 보이지 않는다. Ctrl + Q는 Preview 설정을 껐다 켤 수 있는 단축키다. Diamond Panels 컴포넌트를 연결하기만 했는데 벌써 외피가 만들어진 것 같다. U와 V에 자연수를 입력하면 다른 디자인 대안들도 확인할 수 있다. 그래스호퍼 검색창(캔버스 더블클릭)에 숫자 12를 입력하고 엔터를 쳐보자.

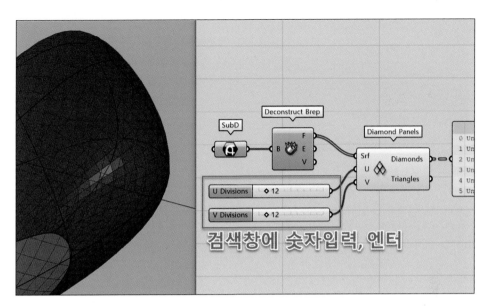

U와 V에는 패널 분할 개수를 입력한다

그래스호퍼 검색창에 숫자를 쓰고 엔터를 누르면 해당 값이 적용된 넘버슬라이더가 만들어진다. U와 V에 각각 12를 연결했다. 12가 아닌 다른 숫자를 연결해도 좋다. 다만 홀수를 입력하면 넙스 서피스 사이가 매끄럽게 연결되지 않는다.

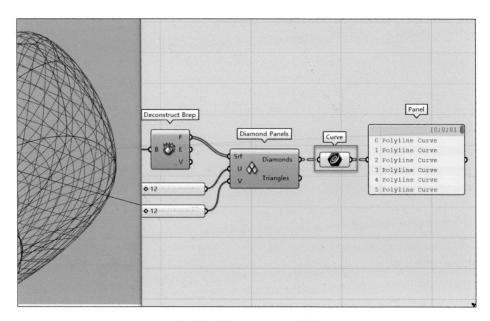

U와 V에는 패널 분할 개수를 입력한다

Diamonds에 나온 데이터를 Curve 컴포넌트에 연결하면, Panel에서 확인해 볼 수 있듯이 커브가 출력된다. 서피스에서 커브로 명시적으로 데이터 타입을 변형한 것이다. Diamond Panels 컴포넌트의 Preview 설정을 꺼보면(Ctrl + Q) 더욱 명확히 확인할 수 있다. 다만 얼마나 많은 데이터들이 있는지 Panel로는 한 눈에 확인할 수 없다. 이때 사용할 수 있는 컴포넌트가 Param Viewer다.

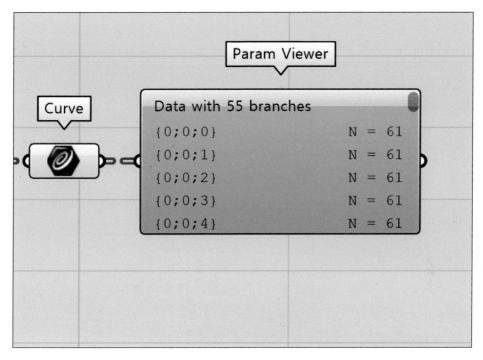

Param View로 데이터 구조를 파악할 수 있다

Param Viewer는 Panel과 다르게 데이터 개수를 쉽게 파악할 수 있다. 여기서 주목해야 할 숫자는 두 개다. 나뭇가지 개수인 55와 열매 개수인 61이다. 나뭇가지는 branch로, 열매는 N(item)으로 표현한다. 패널링 결과, 커브 데이터는 55*61개만큼 있다는 뜻이다. 풀어 설명하자면 넙스 서피스 55개에, 각각 61개의 커브로 패널링이 된 것이다.

최종적으로 이 데이터들을 Group해야 한다. 그래스호퍼에서 라이노로 데이터를 보내는 Bake라는 마지막 과정을 할 때에 미리 데이터들이 Group되어 있다면 좋을 것이다. 일일이 55*61개의 커브를 라이노에서 선택해서 Group(g)할 것이 아니라면 말이다.

다만 지금 상태에서 Group 컴포넌트를 이용해서 그룹하게 된다면, 총 55개의 그룹이 생길 것이다. 그래스호퍼는 기본적으로 나뭇가지인 branch 단위로 연산되기 때문이다. branch마다 Group이 되니, 각 61개의 커브를 가진 소규모 그룹들이 55개 생길 것이다. 즉, 만약 이 모든 커브들을 하나의 그룹으로 만들기 위해서는 열매들을 모두 한 나뭇가지에 몰아 넣어야 한다. 이때 쓰이는 컴포넌트가 Flatten Tree이다.

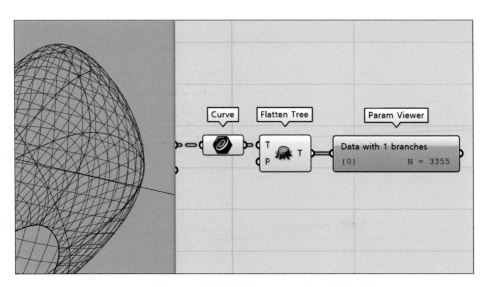

Flatten 결과 모든 데이터가 한 개의 branch에 몰리게 되었다

Flatten Tree 컴포넌트를 통과한 데이터는 모두 한 곳에 몰리게 된다. 열매들을 모두 수확해서 한 개의 큰 바구니에 넣었다고 생각하면 된다. 이제 이 데이터를 Group 컴포넌트에 연결한다면 한 번에 모두 그룹이 될 것이다. 마지막으로 Group 컴포넌트를 이용해서 커브 데이터를 그룹하도록 하자.

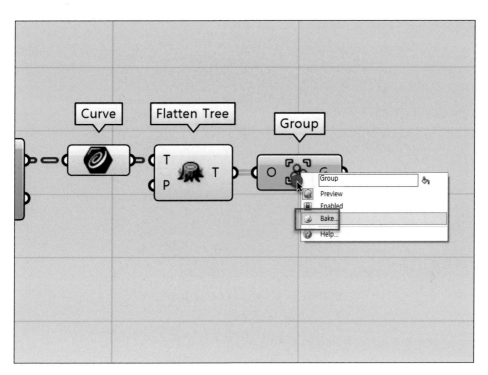

컴포넌트를 우클릭하고 Bake할 수 있다

Group 컴포넌트는 입력되는 모든 데이터를 branch 단위로 그룹한다. 그룹 컴포넌트를 우클릭하고 Bake를 선택하면 현재까지 작업한 내용이 라이노 모델링으로 바뀌게 된다. 잠시 Attributes 창이 뜨는데 이때 OK를 누르자. Bake한 후에 남은 작업은 라이노 모델 링 작업이다. 그래스호퍼 파일을 저장하고, 그래스호퍼 창을 끄도록 하자.

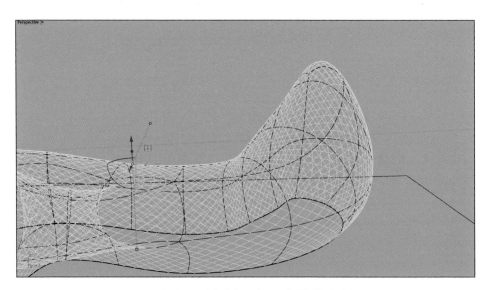

그룹된 커브를 이용해서 그리드 모델링을 할 것이다

그래스호퍼에서 Group했기 때문에 라이노 모델링 상에서도 그룹이 되어 있다. 손쉽게 커브 그룹을 선택할 수 있다. 이를 이용해서 그리드 모델링을 하려고 하는데, 방법은 여러 가지다. MultiPipe(mp)를 사용해도 좋고, Properties의 Curve Piping을 이용해도 좋다.

이번에는 Curve Piping을 이용해 보겠다. 커브 그룹을 선택하고, 우측 Properties탭을 보노록 하자.

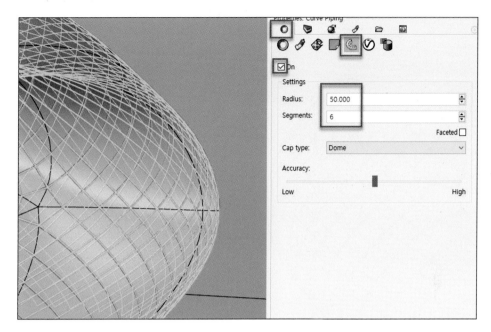

커브 파이핑 후에는 음영 뷰에서 모델링을 확인하자

커브 데이터를 선택하면 우측 속성탭에서 Curve Piping 서브탭이 활성화된다. On에 체크를 하고, 반지름은 50으로, 세그먼트 수는 6으로 설정한다. 커브 파이핑 모델링은 와이어프레임뷰(wf)에서 표현되지 않으므로 음영뷰(sf)로 설정한다.

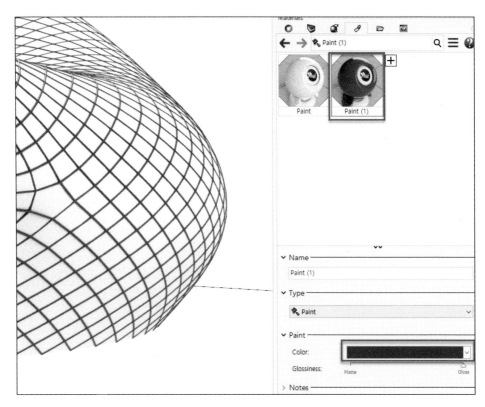

Paint 재질에는 기본적으로 반사값이 적용되어 있다

가볍게 그리드에 Paint 재질을 적용해 보았다. Paint 재질은 반사값이 기본적으로 설정되어 있어서 결과물이 사실적으로 표현된다. Raytraced에서 보니 하단 부분이 조금 어색하다. 바닥과 맞닿는 부분인데 그 어떤 프레임도 없으니 어색해 보이는 것이다. 이 부분을 가볍게 모델링 해 보도록 하자.

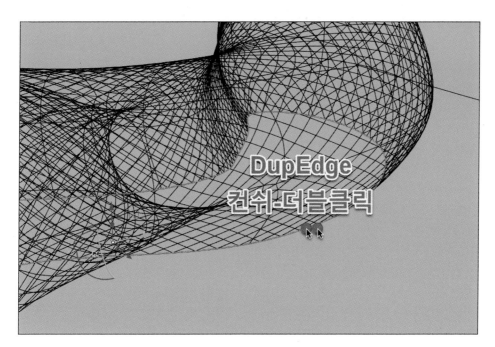

DupEdge로 엣지를 추출할 수 있다

DupEdge 명령으로 섭디의 가장자리 엣지들을 추출할 것이다. 명령을 입력하고, 엣지 중 하나를 컨쉬-더블클릭하고 엔터를 누르자. 하나의 닫힌 커브가 만들어진다. 이렇게 추출 된 커브에 Pipe(p)를 적용하자.

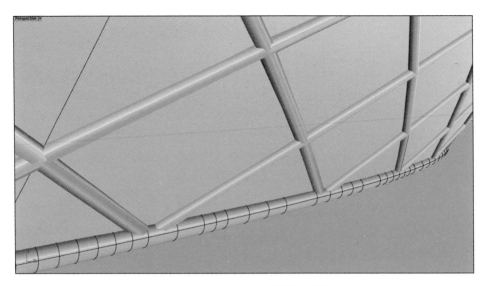

Curve Piping과 Pipe(p)로 프레임을 표현했다

이제 프레임까지 모든 모델링이 완성되었다. 슬래브와 유리, 프레임에 재질을 넣어보자.

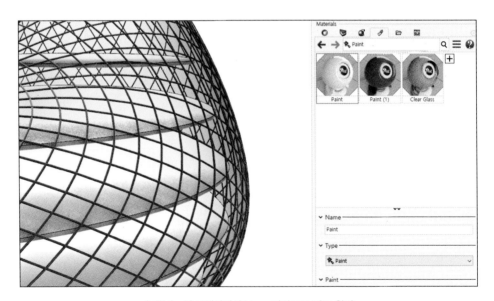

슬래브는 옆 모델링에서 Move 명령으로 갖고 왔다

슬래브는 흰 Paint를, 프레임은 어두운 Paint를, 유리에는 Clear Glass를 적용했다. Raytraced뷰에서 확인해 보자.

꽤나 사실적으로 표현된다

이제 렌더 환경설정을 할 차례다. 특히 이번에는 반사값이 높은 Paint, Glass 재질을 사용했기 때문에 배경 설정이 중요하다.

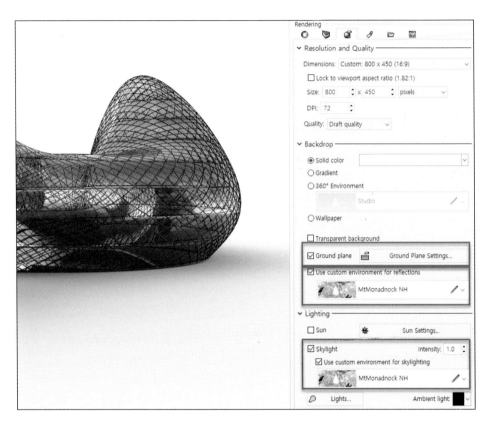

기본 렌더 환경설정

Ground Plane은 Use a material로 설정하고, HDRI맵으로 환경설정을 했다.

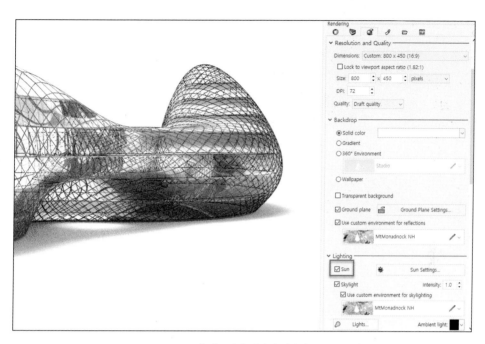

Sun에 체크하면 태양이 생긴다

Lighting에 Sun을 켰다. 자세한 설정을 하려면 우측에 있는 Sun Settings...를 누르면 된다.

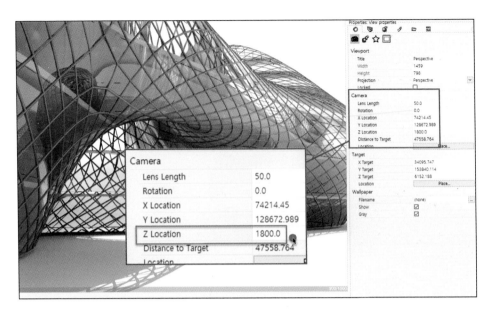

Z Location은 카메라 높이를 말한다

우측 속성 탭 중 카메라 속성을 보자. Camera와 Target이 있다. Camera는 현재 카메라의 위치를, Target은 카메라가 바라보고 있는 목표점을 말한다. 이중에서 Camera의 Z Location을 1800으로 설정하고 엔터를 누르자(사람 눈이 정수리에 있는 섯은 아니므로). 키가 굉장히 큰 사람이 바라봤을 때의 장면이 만들어진다. 사람 눈높이에서의 렌더링이 필요하면 이렇게 Z Location 값을 조정하면 된다.

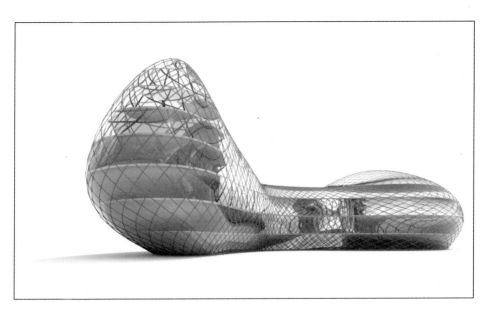

완성된 섭디 모델링

RHINO

마치며

어떤 소프트웨어든 책 한 권으로 모든 기능을 섭렵할 수는 없다. 이 책 한 권으로 라이노 7의 모든 기능을 상세하게 알 수는 없다. 다만 라이노 모델링과 Cycles 렌더링에 대한 중요한 기능과 기본 지식은 습득했으리라 생각한다. 본인 프로젝트를 라이노로 모델링 해 보거나 다른 사람의 작품을 모방해서 모델링 해 보자. 백 번 책으로 조리법을 공부해도 한 번 직접 주방에서 요리해 본 사람을 따라잡기는 힘들다. 바로 실전에 적용해 보자. 만약 무엇을 만들어야 할지 잘 모르겠다면, 디지트 카페(https://cafe.naver.com/digitarchi)에 와서 다른 사람들의 작품을 보고 모델링 해 보자.

또한 추가적인 라이노 학습을 원한다면 유튜브 디지트TV나 페이서 강의(pacer.kr)를 참고하기 바란다. 책에서 미처 소개하지 못한 내용이나, 글이나 이미지로 설명하기 힘든 부분은 유튜브를 통해 공유할 생각이다. 특히 그래스호퍼 학습을 처음 하는 사람이라면 디지트TV 유튜브에 있는 강의들을 참고하자. 동영상이 아니라 글과 이미지로 그래스호퍼를 접하게 된다면 막막하기 때문이다.

라이노, 그래스호퍼와 연관이 적지만 필자가 운영하고 있는 인스타그램도 있다(instagram.com/digit.tv). 건축학과 학생들과 실무자를 대상으로 재밌는 자료들을 공유하는 곳이니 팔로우 해도 좋다.

라이노 7.0
시크릿노트
RHINO 7.0 **FOR ARCHITECTS, SECRET NOTE**

초판 1쇄 인쇄 2021년 03월 20일
초판 1쇄 발행 2021년 03월 25일

지 은 이 한기준
펴 낸 이 김호석
펴 낸 곳 도서출판 대가
편 집 부 박은주
마 케 팅 오중환
관 리 부 김소영

등   록 313-291호
주   소 경기도 고양시 일산동구 장항동 776-1 로데오메탈릭타워 405호
전   화 02) 305-0210
팩   스 031) 905-0221
전자우편 dga1023@hanmail.net
홈페이지 www.bookdaega.com
I S B N 978-89-6285-272-1 13000